고독 속의 명상(개정판)

THOUGHTS IN SOLITUDE

Thomas Merton

THOUGHTS IN SOLITUDE by Thomas Merton
Copyright © 1956, 1958 by The Abbey of Our Lady of Gethsemani
All rights reserved.

This Korean edition was published by St. Paul in 2009 by arrangement with The Abbey of Our Lady of Gethsemani c/o Curtis Brown Ltd., New York through KCC(Korea Copyright Center), Seoul.

이 책은 (주)한국저작권센터(KCC)를 통한 저작권자와의 독점 계약으로 성바오로 출판사에서 출간되었습니다. 저작권법에 의해 한국 내에서 보호를 받는 저작물이므로 무단전재와 복제를 금합니다.

고독 속의 명상 (개정판)

초판 발행일 2009. 9. 10
2판 2쇄 2023. 1. 3

글쓴이 토머스 머튼
옮긴이 장은명
펴낸이 서영주
총편집 황인수
편집 손옥희, 김정희 **디자인** 김태연, 김안순
제작 김안순 **마케팅** 서영주 **인쇄** (주)세진디피에스

펴낸곳 성바오로
출판등록 7-93호 1992. 10. 6
주소 서울특별시 강북구 오현로7길 20(미아동)
취급처 성바오로보급소 **전화** 944-8300, 986-1361
팩스 986-1365 **통신판매** 945-2972
E-mail bookclub@paolo.net
인터넷 서점 www.**paolo**.kr
www.facebook.com/**stpaulskr**

값 10,000원
ISBN 978-89-8015-917-8
교회인가 1993. 3. 16 **SSP** 1068

성경 © 한국천주교중앙협의회, 2021.

이 도서의 국립중앙도서관 출판예정도서목록(CIP)은 서지정보유통지원시스템 홈페이지(http://seoji.nl.go.kr)와 국가자료종합목록시스템(http://www.nl.go.kr/kolisnet)에서 이용하실 수 있습니다. (CIP제어번호 : CIP2019014329)

|개정판|

토머스 머튼 글 | 장은명 옮김

고독 속의 명상

성바오로

저자의 말

「명상의 씨」와 「인간은 섬이 아니다」에 관심을 가지셨던 분들이라면 이 명상집에서도 다소의 기쁨을 얻으시리라 생각합니다. 이 책이 조금이라도 가치가 있다면 그것은 저자인 저 자신에게, 또 제 의견에 동의하는 이들에게 가장 하고 싶은 말을 여기저기에서 할 수 있었다는 것 때문입니다. 이 사실은 특히 이 책의 2부인 '고독에 대한 사랑'에 해당하는 말입니다. 막스 피카르의 「침묵의 세계」의 영감 어린 내용을 알고 있는 이들은 이 명상집 도처에서 그 스위스 철학자로부터 받은 영감을 발견할 것입니다.

머리말

이 책의 단상斷想들은 저자가 하느님의 은총과 장상들의 배려로 특별히 고독 속에 명상할 수 있었던 1953년과 1954년에 쓰였다. 그래서 「고독 속의 명상」이라는 제목을 붙였다. 그렇다고 해서 이 단상들이 주관적이거나 자서전적이라는 뜻은 아니다.

이것은 영적 모험담으로 쓰인 것이 아니다. 서사에 관해서는 기술記述할 만한 모험도 없었거니와 설혹 있었다 하더라도 어쨌거나 글로 표현할 수는 없었을 것이다. 이것은 단순히 관상 생활에 대한 명상, 당시에는 기본적 중요성을 지닌 것으로 여겼던 근원적 직관이다.

물론 이 표현에 제한을 가할 필요는 있다. 저자가 가장 중요시하는 직관이 저자와 다른 소명을 지닌 이들에게는 그다지 중요하지 않을 수도 있다. 그런 의미에서 이 책은 결국 개인적일 수밖에 없다. 책에 표현된 내용에는 일반적인 것도 많고, 언뜻 관찰하고 언급한 일상에 가까운 것도 많다. 이 단상들은 신비적이라고 볼 수는 없다. 그러나 대체로 하느님 앞에서의 인간의 고독, 침묵 중에 이루어지는 하느님과의 상호 관계 등에 관한 이 명상은 저자 자신에게 있어서 본질적이라고 할 수 있는 그의 고유한 삶의 양식이다.

덧붙여 말하자면 이 고유한 양식이 반드시 저자가 속한 수도회의 이상적理想的 양식이라고는 말할 수 없다. 그럼에도 이것은 수도 생활의 본질적인 이상이다.

이 단상들이 쓰인 이래 저자의 생각에도 많은 변화가 있었음은 두말할 필요도 없다. 그 사이에 이 책에 나타난 사고思考의 경향도 여러 갈래의 예기치 못했던 방향으로 흘러갔다.

전체주의가 모든 면에서 인간의 인격을 격하시키고 타락시키려고 광분했던 시대에, 박탈당할 수 없는 인간의 고독과 내적인 자유를 옹호하는 모든 온전한 반응에 귀를 기울여 달라고 요청하는 것은 정당하다. 물질주의의

살인적인 소음도 끊임없이 이어질 주체적인 목소리를 침묵시킬 수는 없다. 이 목소리는 그리스도교 성인^{聖人}들의 목소리일 수도 있고, 노자^{老子}나 선승^{禪僧}들 같은 동양의 현자들의 목소리일 수도 있으며, 소로^{Thoreau}나 마틴 부버, 막스 피카르트의 목소리일 수도 있다.

인간이 '사회적 동물'이라고 주장함은 매우 지당하며, 그것은 명백한 사실이다. 그러나 그렇다고 해서 인간을 전체주의라는 기계에, 또는 종교라는 기계에 부속된 한낱 작은 톱니로 만드는 것이 정당화될 수는 없다.

사실 사회는 그 구성원들의 침범할 수 없는 개인적 고독이 있음으로써 존재한다. 사회가 그 이름에 합당하기 위해서는 숫자나 기계적인 단위가 아니라 인격체들로 구성되어야 한다. 한 인격체가 된다는 것은 책임과 사유를 지닌다는 것을 의미하며, 이는 곧 어떤 내적인 고독, 개인적 성실성, 자기의 현실에 대한 자각, 사회에 자신을 바치고자 하거나 그것을 거부하려는 성향에 대한 자각 등을 뜻한다.

사람들이 기계적 힘에 이리저리 밀려다니는 비인격적인 무리와 함께할 때 그들의 참된 인간성, 성실성, 사랑할 능력, 결단력을 잃어버리게 된다. 사회가 내적인 고독을 알지 못하는 사람들로 구성될 때 그 사회는 더 이상 사랑으로 결합하지 못한다. 그 결과 그 사회는 폭력적이고 부패한 권위에 결합되고 만다. 사람들이 그들의 정당한 몫인 고독과 자유를 난폭하게 박탈당하면 그들이 사는 사회는 부패하여 굴종과 분노와 증오로 곪아 터진다.

기술이 아무리 발달해도 영적인 암癌처럼 물질주의 사회의 생명 기관을 좀먹는 증오를 치유할 수는 없다. 유일한 치유법은 항상 전적으로 영적인 것이어야 한다. 들을 수 있는 능력이 없다면 하느님과 사랑에 대해 말한다 해도 소용이 없다. 복음의 말씀을 듣는 귀는 사람들의 마음속에 감추어져 있다. 이 귀는 어떤 내적인 고독과 침묵에 잠기지 않으면 아무것도 듣지 못한다.

다시 말하면 믿음은 자유와 결단력의 문제, 즉 자유로이 주어지는 은총의 선물을 자유로이 받는 문제이므로 인간의 지성과 감성이 기계적 활동에 예속되어 있는 한, 인간은 영적인 말씀을 받아들이지 못한다. 그가 개성도 없고 인격체로서 올바른 성실성도 없는 자동인형들 무리와 함께하는 한 그는 항상 이처럼 예속된 채로 있을 것이다.

  이 책에서 고독에 대한 말은 은수자들만을 위한 조언이 아니다. 그것은 세상과 인간 미래 전체와 관련이 있으며, 특히 종교의 미래에도 관련이 있다.

차례

저자의 말

머리말

1부 | 영적 생활의 단면들

1. 우리의 광야 ·· 17
2. 기질과 감수성 ·· 23
3. 영적 생활의 의미 ·· 30
4. 갈망과 극기 ·· 33
5. 영적 생활과 분별 ·· 38
6. 가난과 연민 ·· 41
7. 그리스도인의 희망 ·· 44
8. 감사 ·· 47
9. 보잘것없는 존재 ·· 51

10. 묵상 기도 ·· 55
11. 가난은 자유에 이르는 문 ·· 63
12. 통합된 영적 삶 ·· 68
13. 무소유의 기쁨 ·· 72
14. 생명의 책 그리스도 ·· 76
15. 겸손과 절망 ·· 79
16. 종鐘소리 ·· 82
17. 존재의 심연 ·· 85
18. 생명의 침묵 ·· 91
19. 죄의 고백과 지혜의 시작 ·· 95

2부 | 고독에 대한 사랑

1. 고독의 잠재성과 실재성 ·· 101
2. 늘 나와 함께하시는 하느님 ·· 103

3. 침묵과 언어 ·· 105

4. 참된 소명을 따라 ·· 109

5. 침묵 속의 하느님 ·· 111

6. 교만한 침묵과 겸손한 침묵 ·· 113

7. 침묵과 가난과 고독 ·· 117

8. 매 순간 찾아오시는 하느님 ·· 120

9. 침묵의 새로운 발견 ·· 123

10. 그 큰 사랑 내 안에 ·· 125

11. 고독한 삶의 소명 ·· 128

12. 기도와 감사인 은수자의 삶 ·· 132

13. 광야의 삶 ·· 135

14. 영적 격정의 극복 ·· 141

15. 고독한 삶의 단순성 ·· 145

16. 모든 것을 떠나는 이유 ·· 149

17. 주는 내 안에, 나는 주 안에 ·· 153

18. 고독의 참된 열매 ·· 155

1부

영적 생활의 단면들

1. 우리의 광야

영적靈的 생활이 비현실성에 빠지는 것보다 더 불행한 일은 없다. 그 까닭은 우리의 삶은 외부의 실재와 초월적인 실재實在와의 생명력 있는 관계에 의해 지속되고 성장하기 때문이다. 우리의 삶이 비현실에 의존할 때 그 삶은 분명히 고갈되어 죽게 될 것이다. 이 무익한 죽음을, 새로운 삶으로 들어가게 해 주는 참되고 풍요롭고 희생적인 죽음이라고 오인하는 것보다 더 큰 불행은 없다.

우리를 참삶으로 이끌어 주는 죽음은 현실의 도피가 아니라 자신을 완전한 선물로 내어 놓는 것이며, 이는 현실에 대한 전적인 헌신을 의미한다. 우리가 창조된 사물들을 다만 자신의 이기적인 이해관계에만 관련시켜 바라봄으로써 오인하게 되는, 환영幻影으로 가득 찬 거짓 현실을 포기할 때, 우리를 참삶으로 이어 주는 죽음이 비로소 시작된다.

실제적이지 않은 창조물(특히 물질)을 보기 전에 우리는 분명한 그들의 실제를 봐야 한다. 왜냐하면 '비현실적'인 물질은 더 큰 실제의 영적인 것으로만 가능하기 때문이다.

우리는 피조물로부터 한 걸음 물러서서 있는 그대로 바라봄으로써 피조물을 포기하기 시작한다. 그렇게 하는 동안에 우리는 피조물들의 실체와 실상과 진실을 꿰뚫어 보게 되는데, 피조물의 이러한 본질은 피조물들을 우리 자신의 밖에 놓고 한 걸음 물러서서 올바르게 바라볼 때만 발견할 수 있다. 또한 사물들에 집착하지 않을 때에야 비로소 사물들을 올바로 바라볼 수 있다. 사물들을 놓아줄 때 우리는 그것들을 있는 그대로 평가하기 시작한다. 그때에 비로소 그것들 안에서 하느님을 보기 시작할 수 있다. 사물들 안에서 하느님을 발견할 때 우리는 어둠 속에서 어려운 관상의 길을 나설 수 있게 되는데, 이 길 끝에서 우리는 하느님 안의 사물들을 발견할 수 있을 것이다.

사막의 교부들은 인간에게 전혀 가치가 없다는 바로 그 이유 때문에, 사막이 하느님 보시기에 지극히 가치 있는 것으로서 창조되었다고 믿었다. 광야는 인간에게 아무것도 제공해 주지 않기 때문에 인간이 결코 사용할 수 없는 땅이었다. 거기에는 인간의 흥미를 끌 만한 것이 아무것도 없었고, 인간이 개척할 수 있는 것도 없었다. 광야는 선택된 민족이 오직 하느님의 보살핌만을 받으며 40년 동안 방황한 장소였다. 이 민족이 약속된 땅을 향하여 바로 여행했더라면 몇 달 만에 그곳에 도달할 수 있었을 것이다.

하느님께서는 그들이 광야에서 하느님을 사랑하는 것을 배우고, 또 항상 광야에서의 시간들을 하느님하고만 보낸 삶의 목가적인 시절로 회상하도록 계획하셨다. 사막은 다만 그 자체로 존재하기 위해 창조되었지, 인간이 다른 어떤 것으로 변형시키라고 창조되지는 않았다. 산과 바다도 마찬가지다. 그러므로 사막은 그 자신 이외에는 아무것도 되기를 원하지 않는 사람, 즉 고독하고 가난하며 하느님 외에는 그 누구에게도 의지하지 않는 피조물, 그 자신과 창조주 사이에 어떤 중요한 계획도 끌어들이지 않는 피조물의 필연적인 주거지이다.

이것은 이론적으로는 맞는 말이다. 그러나 고려해야 할 또 다른 요소가 있다. 첫째로 사막은 광란의 장소라는 점이다. 둘째로 사막은 '이집트 북부의 광야'로 쫓겨나 '목이 타는 메마른 지역에서 방황하는' 악마의 도피처다. 갈증은 인간을 미치게 만드는데, 악마는 바로 우월성 안에 안주하여 다른 모든 것들을 배척했기 때문에 잃어버린 자신의 우월성에 대한 일종의 갈증으로 미쳐 있다.

그러므로 자기 자신이 되기 위하여 사막으로 들어가는 사람은 미치지 않도록, 공허와 분노로 가득 찬 불모의 낙원에 사는 악마의 종이 되지 않도록 조심해야 한다.

그런데 오늘날의 사막을 보라. 어떠한가? 오늘날의 사막은 바로 끔찍한 피조물이 새로이 탄생하는 곳으로 하느님이 축복하신 것을 인간이 자신의 힘으로 파괴하려고 하는 힘의 시험 장소이다. 인간이 가장 위대한 과학적 업적을 이룩한 금세기에 광야는 마침내 진면목을 드러내고 있다. 인간은 더 이상 하느님을 필요로 하지 않으며, 사막에서 자신의 힘으로 살 수 있다. 인간은 그곳에 고립과 실험과 악덕으로 보호받는 환상의 도시들을 건설할 수 있다.

사막에서 하룻밤 사이에 솟아나는 번쩍거리는 도시들은, 이제는 더 이상 세상을 평화로 밝혀 주려고 하늘에서 내려오는 하느님 도시의 모상模像이 아니다. 이 도시들은 그 옛날, 인간이 '그 이름을 펼쳐 하늘에까지 닿게 하기 위해'(창세 11,4 참조) 신아르 사막에 쌓아 올렸던 거대한 바벨탑과 유사한 것은 아니다. 그러나 이 도시들은 광야의 얼굴에 나타난 악마의 영악하고 야비한 미소이며, 저마다 형제를 염탐하는 비밀로 가득 찬 도시들이다. 이 도시의 혈맥 속에서는 돈이 인공의 피처럼 흘러가고, 이 도시의 자궁에서는 결정적이고도 엄청난 파괴 도구가 태어날 것이다.

우리가 이러한 도시들의 출현을 보면서 자신의 마음을 정화시킬 그 어떤 일을 하지 않을 수가 있겠는가? 인간이 돈과 기계를 사막으로 옮겨 가 살면서, 그리스도께서 하셨듯이 악마와 싸우지 않고, 오히려 권력과 부를 주겠다는 악마의 약속을 믿고 그의 천사 같은 지혜를 예찬한다면, 사막 자체는 어디로든지 다른 곳으로 옮겨 갈 것이다. 모든 곳이 사막이다. 모든 곳이 인간이 속죄하고 악마와 싸우며 하느님의 은총으로 마음을 정화시키는 고독의 터전이다.

사막은 절망의 고향이다. 이제 그 절망은 모든 곳에 있다. 우리의 내적인 고독이 패배를 수용하는 데 있다고 생각하지 말자. 우리가 무언중에 패배에 동의한다면 우리는 그 어느 것에서도 벗어날 수 없다. 절망은 바닥없는 심연이다. 절망에 동의하고, 또 동의했다는 것을 잊으려고 노력함으로써 절망을 막으려고 생각하지 마라.

그렇게 한다면 우리의 사막은 절망에 직면해서도 결코 동의하지 않는 것이다. 십자가에 대한 희망으로 절망을 극복하는 것이며, 끊임없이 절망과 싸우는 것이다. 그 싸움이 곧 우리의 광야다. 우리가 용감하게 그 부생에 밎신다면 우리는 우리 곁에 계시는 그리스도를 발견할 것이다. 그 투쟁에 직면하지 않는다면 우리는 결코 그분을 발견하지 못할 것이다.

2. 기질과 감수성

기질氣質에 따라서 어떤 사람은 거룩해지고 어떤 사람은 버림받도록 미리 결정되어 있는 것은 아니다. 물론 모든 기질은 파멸이나 구원의 소인이 될 수는 있다. 우리의 기질은 하느님의 선물로 그분이 오실 때까지 늘려야 하는 달란트임을 우리는 알아야 한다. 우리가 얼마나 보잘것없고 얼마나 까다로운 기질을 타고났는가는 문제가 되지 않는다. 우리가 가지고 있는 기질을 잘 이용하고 또 신한 욕구를 위해 그 기질이 쓰이도록 한다면, 기질이 자신에게 도움이 되게 하는 대신 기질대로만 행동하는 사람보다 더 좋은 결과를 얻을 수 있다.

성 토마스는 어떤 사람의 의지가 선한 것을 좋아하면 그는 선한 사람이며, 악한 것을 좋아하면 그는 악한 사람이라고 했다. 또한 그 사람이 덕스러운 생활에서 행복을 찾으면 그는 덕스러운 사람이며, 죄 많은 생활을 즐거워하면 그는 죄 많은 사람인 것이다. 우리가 사랑하는 것이 무엇인가에 따라 우리가 어떤 사람인가를 알 수 있다.

그러므로 어떤 사람의 끝마침을 보면 그 사람을 알 수 있다. 또한 그의 시작을 보고도 그를 알 수 있다. 또 어떤 주어진 순간에 있는 그대로의 그의 됨됨이를 알고 싶다면 그 사람이 그의 시작에서 얼마나 멀리 와 있으며 그의 끝마침에 얼마나 가까이 가 있는지 살펴보라. 그러므로 때로는 본의 아니게 죄를 짓지만 죄를 사랑하지 않는 사람은 진정한 의미의 죄인이 아니다.

선한 사람은 하느님에게서 나와서 다시 그분께로 돌아간다. 그는 존재라는 선물과 하느님이 수신 능력을 가지고 출발한다. 그는 분별을 아는 나이에 이르러 선택을 하기 시작한다. 그의 선택은 어린 시절에 그에게 일어난 일과 그의 선천적인 기질에 의해 크게 영향을 받는다. 또 그의 선택은 주변 사람들의 행동, 그가 살고 있는 세계에서 일어나는 사건들, 그가 속한 사회적 상황으로부터도 지속적으로 영향을 받을 것이다. 그렇지만 그 선택은 본질적으로는 항상 자유롭다.

그러나 인간은 도덕을 지키는 가운데 자유롭게 행동한다. 활동의 자유를 확보하기 위해서 비도덕적이 될 필요는 없다. 외부로부터의 억압, 우리 자신의 강력한 기질적 성향과 열정은 인간 자유의 본질에 아무런 영향을 미치지 않는다. 그것들은 자유에 어떤 제한을 가함으로써 단지 자유로운 행동의 한계를 명확히 해 줄 뿐이다. 그것들은 우리의 자유에 그 자체의 독특한 성격을 부여한다.

기질적으로 성마른 사람은 다른 사람보다 화를 더 잘 내는 경향이 있을지도 모른다. 그러나 그가 분별 있는 사람이라면 화내지 않도록 자신의 감정을 자유로이 조절한다. 화를 내는 경향은 다만 그의 성격 안에 내재하고 있는 한 충동일 뿐이며, 이것은 그의 욕구에 따라 선하게도 악하게도 변할 수 있다. 악한 것을 갈망한다면 그의 기질은 다른 사람들과, 심지어는 자기 자신의 영혼과 맞서 싸우는 악의 무기가 될 것이다. 선한 것을 갈망한다면 그의 기질은 내면에 존재하는 악과 싸우고, 다른 사람들이 세상에서 마주치게 되는 장해물들을 극복하도록 도와주는, 자신을 조절할 줄 아는 도구가 될 수 있다. 그는 선이나 악을 갈망할 자유를 지닌다.

감정이 때때로 이성을 방해한다고 해서 감정이 영적 생활에 무용한 것이라고 생각한다면 그것은 어리석은 일이다. 그리스도교의 정신은 금욕주의가 아니다. 십자가는 인간적 감정을 말살함으로써 우리를 성화^{聖化}시키는 것이 아니다. 초연함은 무감각함이 아니다. 수도자들의 규칙과 금욕적 수행^{修行}이, 그들의 인간성을 모든 면에서 은총의 도움으로 풍요롭게 발전하도록 자유롭게 해 주기보다는 오히려 그 인간성을 무감각하게 만들어 왔기 때문에 수많은 수도자들이 위대한 성인이 되지 못하는 것이다.

성인은 완전한 사람이다. 성인은 성령이 머무는 성전^{聖殿}이다. 그는 예수님의 인간성 안에서 우리가 볼 수 있는 균형과 완전성과 질서를 어느 정도 그 자신의 개인적인 방식으로 재현한다. 하느님의 말씀에 위격적^{位格的}으로 결합된 예수님의 영혼은 하느님의 명확한 통찰력과 가장 평범하고 단순하고도 내밀한 인간적 감정인 애정과 동정, 슬픔과 행복, 기쁨과 비탄, 분노와 경이, 피로와 걱정과 두려움, 위안과 평화 등을 아무런 갈등 없이 동시에 향유享有했다.

우리에게 인간적 감정이 없다면 하느님이 우리에게 원하셨던 방식으로, 즉 인간으로서 우리는 그분을 사랑할 수 없다. 우리가 인간적 감정에 응답하지 않는다면, 하느님이 우리를 사랑하기를 원하셨던 방식, 즉 하느님이시자 하느님의 아들이며 기름 부음을 받은 구세주이신 인간 예수의 가슴에서 우러나오는 사랑을 받을 수 없는 것이다.

그러므로 수도 생활은 기질, 성격, 감정, 그리고 우리를 인간이 되게 하는 모든 요소를 가장 중요한 것으로 존중하면서 시작되고 영위되어야 한다. 이러한 것들도 인격의 구성 요소이며, 따라서 성스러움의 구성 요소이기도 하다. 왜냐하면 성인이란 창조주의 모상을 지닌 한 인격체 안에 하느님의 사랑이 충만하게 드러난 사람이기 때문이다.

극기克己에 의한 감정의 절제는 인간적 감수성을 성숙시키고 완성하는 데에 도움을 준다. 금욕적 고행苦行은 우리의 감수성을 허용하지 않는다. 감수성을 허용하면 고행에 방해가 되기 때문이다. 우리가 정말 자신을 부정

한다면 그 극기는 때때로 우리가 꼭 필요로 하는 것까지도 박탈할 것이다. 따라서 우리는 그것들의 필요성을 느낄 것이다.

우리는 고통을 받지 않을 수 없다. 그러나 감각, 감수성, 상상력, 판단, 의지를 단련함은 그 모두를 풍요롭게 하고 정화하기 위함이다. 우리의 오관은 무절제한 쾌락 때문에 둔감해져 있다. 통회는 오관을 예민하게 하고 본래의 생기를 되찾게 해 준다. 그뿐만 아니라, 통회는 양심과 이성의 눈을 밝게 해 주고, 또 우리가 명확히 생각하고 올바르게 판단하도록 도와주며, 의지의 행위를 강화해 준다.

통회는 또한 감정의 질을 높인다. 수많은 종교 미술, 종교 문학, 감상적感傷的 기도와 여러 수도자들의 삶이 그저 그런 이유는 극기와 자제가 결여되어 있기 때문이다.

어떤 사람들은 일종의 영웅적 절망감에 사로잡혀 이 모든 값싼 감정에서 빠져 나와, 감정을 지탱시켜 줄 것이 아무것도 없는 광야에서 하느님을 찾는다. 그러나 이것 역시 잘못일 수 있다. 우리의 감정이 광야에서 정말로 죽는다면 우리의 인간성도 함께 죽기 때문이다.

우리는 예수님이나 세례자 요한처럼 광야로부터 돌아와야 한다. 그때 우리의 감수성은 확대되고 심화되어 있을 것이고 거짓된 매혹과 대항할 수 있도록 강해지고 유혹과 싸우도록 무장되어 있을 것이다. 한마디로 우리의 감수성은 위대하고 고상하고 순수해져 있을 것이다.

3. 영적 생활의 의미

 영적 생활은 지적知的 생활이 아니다. 그것은 사고思考의 생활도, 감각이나 감정만의 생활도 아니다. 영적인 것들, 하느님의 것들을 '느끼고' 경험하는 생활만을 의미하는 것도 아니다.

 영적 생활은 사고나 감정을 배제하지도 않는다. 그것은 이 둘을 다 필요로 한다. 그것은 영혼의 '높은 곳'에 집중된 생활이나 지성과 상상력과 육체가 배제된 생활만도 아니다. 만약 영적 생활이 그러하다면 그 생활을 영위할 수 있는 사람은 거의 없을 것이다. 그러한 것이 영적 생활이라면 그것은 삶이 아니다. 사람이 살아 있기 위해서는 그의 육체, 영혼, 지성, 마음, 정신이 모두 살아 있어야 한다. 이 모든 것이 하느님의 행위로 사랑과 믿음 속에서 고양高揚되고 변화되어야 한다.

'사고'를 통해서만 묵상하려 함은 무용한 짓이다. 진부한 낱말들을 무수히 기억해 내어 한데 엮음으로써 묵상하려 함은 더욱더 부질없는 짓이다.

전적으로 지적知的인 생활이 우리에게 삶을 사고思考로, 행동을 사상으로 대체하도록 이끈다면 그 생활은 파멸을 가져올 수도 있다. 인간에게 적합한 활동은 순전히 지적인 생활이 아니다. 인간이 육체를 떠난 정신으로만 이루어져 있지 않기 때문이다. 우리의 운명은 우리가 사고하는 것을 실천하는 것이다. 우리가 아는 것을 실천하지 않는다면 그것을 안다고 할 수가 없기 때문이다. 행동을 통해 지식을 우리 자신의 일부로 만듦으로써만 우리는 개념이 표현하고 있는 바의 현실로 들어갈 수 있다.

이성적 동물로 산다는 것은 동물로 사는 것이 아닌 인간으로 사고함을 의미한다. 우리는 인간으로 사고하고 살아야 한다. 마치 우리 존재의 추상적인 두 부분—이성과 동물성—이 상이하고 구체적인 두 개의 실체로 분리되어 존재하는 것처럼 살려고 하는 것은 환상에 지나지 않는다. 육체와 영혼은 하나이다. 우리가 하나의 통일체로 살지 않으면 죽을 수밖에 없다.

삶 자체가 사고思考는 아니다. 사고는 우리 외부의 객관적 현실에 의해 형성되고 인도된다. 산다는 것은 사고를 끊임없이 삶에 맞추고 삶을 사고에 맞추어 항상 오래된 것에서 새로운 것을, 또 새로운 것에서 오래된 것을 경험하면서 우리 자신을 부단히 성장시키는 일이다. 그럴 때 삶은 항상 새로워진다.

4. 갈망과 극기

극기克己라는 단어는 좋지 않게 들릴 수도 있다. 그것은 우리 자신에 대한 극복이 아니라 우리 자신에 '의한' 극복을 의미하는 경우가 많기 때문이다. 이것은 우리 자신의 힘으로 얻은 승리이다. 무엇에 대한 승리인가? 우리 자신이 아닌 그 무엇에 대한 승리이다.

참된 극기는 자신에 의해서가 아니라 성령에 의하여 자신을 극복하는 것이다. 극기는 진정한 자기 포기이다.

그러나 자기를 포기하기 전에 먼저 자신이 되어 있어야 한다. 왜냐하면 그 누구도 자기가 소유하고 있지 않은 것을 포기할 수는 없기 때문이다. 보다 정확히 말하면 우리 자신의 의지를 그리스도의 손에 넘길 수 있을 만큼 자신에 대한 충분한 통제력을 가지고 있어야 한다는 뜻이다.

그래야만 그리스도께서는 우리 자신의 노력으로 닿을 수 없는 것을 정복해 주실 것이다.

우리 자신을 소유하기 위해서는 어느 정도의 확신과 승리에 대한 희망을 가지고 있어야 한다. 그 희망의 불씨가 꺼지지 않게 하기 위해서는 승리의 의미에 대해 어느 정도 알고 있어야 한다. 승리가 무엇인지를 알아야 하며, 승리를 패배보다 더 가치 있는 것으로 인식해야 한다.

추상적인 미덕, 즉 경험해 본 적이 없는 어떤 미덕을 얻으려고 애쓰는 사람에게는 희망이 없다. 그가 그 미덕을 악덕보다 선호한다 해도 결코 효과가 없을 것이며, 그가 아무리 그 악덕을 경멸하는 듯이 보인다 해도 마찬가지다.

모든 사람은 선행을 하고 악을 피하려는 본능적인 갈망을 갖고 있다. 그러나 선함이 무엇을 의미하는지를 경험하지 못한다면 그 갈망은 열매를 맺지 못한다.

선한 의지를 가진 많은 사람들은, 거룩하리라고 생각한 사람들의 거짓된 미덕을 보고 본능적으로 불쾌감을 느끼므로 미덕에 대한 그들의 갈망도 좌절된다. 죄인들은 거짓된 미덕을 간파하는 예리한 눈과 선한 사람이 갖추어야 할 미덕에 대해 매우 엄격한 기준을 갖고 있다. 선해야 한다고 생각하는 사람들에게서 그들 자신의 악덕보다 활기 없고 재미없는 '미덕'만을 본다면, 그들은 미덕이 아무 의미가 없다고 결론짓고 그들이 이미 지닌 악덕을 미워하면서도 그것에 집착한다.

그러나 우리가 미덕을 갖고 있지 않다면 어떻게 되겠는가? 그렇다면 우리가 어떻게 미덕을 경험할 수 있겠는가? 우리 주 그리스도를 통하여 주어지는 하느님의 은총은 미덕을 체험하고자 하는 미덕에 대한 갈망을 불러일으킨다. 하느님께서는 우리가 미덕을 완전히 소유하기 전에 그것을 '좋아할' 능력을 갖게 해 주신다.

도토리 안에 떡갈나무 잎과 가지들이 감추어져 있는 것과 같이 사랑인 은총 안에는 모든 미덕이 숨겨진 채 잠재되어 있다. 도토리가 된다는 것은 떡갈나무가 되기를 자원함이다. 상존은총(Habitual grace, 常存恩寵)은 모든 그리스도교적 미덕의 씨앗을 가져다준다.

조력은총(Actual grace, 助力恩寵)은 우리에게 이 숨어 있는 능력을 실현하게 하고, 우리 안에서 활동하시는 그리스도를 깨닫게 한다.

선한 행위의 기쁨은 기억해야 할 '그 무엇'이다. 그것은 우리의 자만심을 만족시키기 위함이 아니라 덕스러운 행동이 가능하고 가치 있으며, 그러한 행동을 반대하고 좌절시키는 악덕의 행위보다 더 쉽고, 더 즐겁고, 더 풍부한 결실을 맺는다는 것을 우리 자신에게 일깨워 주기 위함이다.

거짓된 겸손이, 우리가 마땅히 누려야 하고 특히 영적 생활 초기에 필요한 정복의 기쁨을 우리에게서 빼앗아 가지 않도록 해야 한다.

나중에는 우리가 정복할 수 없는 결함이 남을 수도 있을 것이다. 그것은 승리의 만족감을 조금도 느끼지 못하면서 물리칠 수 없는 것처럼 보이는 적과 싸울 겸손을 우리가 가질 수 있기 위함이다. 왜냐하면 우리가 기쁨 이상의 그 무엇을 위해서, 선행을 한다는 것을 다짐하기 위하여, 선행을 하는 데서 오는 기쁨까지도 포기하도록 요청받을지도 모르기 때문이다.

그러나 그 기쁨을 포기할 수 있으려면 먼저 그것을 가져야 한다. 처음에는 자기를 정복하는 기쁨이 필요하다. 그것을 갈망하기를 두려워하지 말자.

5. 영적 생활과 분별

 게으름과 비겁은 영적 생활에 있어 가장 큰 적이다. 더구나 그것들이 '분별'로 위장될 때는 한층 더 위험스러워진다. 분별 자체가 영적 인간의 가장 중요한 미덕에 속하지 않는다면 이 환상이 그처럼 위험하지는 않을 것이다.
 우리에게 비겁과 분별의 차이점을 가르쳐 주어야 할 주체는 바로 분별이다.
 '너의 눈이 단순하다면…. 그러나 네 안에 있는 빛이 어둠이라면….'
 분별은 하느님께서 우리에게 무엇을 원하시는지, 또 무엇을 원치 않으시는지를 말해 준다. 분별이 이것을 말해 줄 때, 분별은 우리에게 은총으로 주어지는 영감에 응답하여 하느님의 뜻을 드러내는 다른 모든 계시에 복종할 의무를 일깨워 준다.

게으름과 비겁은 하느님의 사랑보다 자신의 현재의 안락함을 더 중시한다. 그것들은 하느님을 신뢰하지 않으므로 미래의 불확실성을 두려워한다.

분별은 노력을 낭비하지 않도록 우리에게 경고한다. 그러나 겁쟁이에게는 모든 노력이 낭비일 뿐이다. 분별은 노력이 낭비되는 경우와 노력이 필수적인 경우를 보여 준다.

게으름은 모든 모험을 피한다. 분별은 무용한 모험을 피하지만 믿음과 하느님의 은총이 우리에게 요구하는 모험을 감행하도록 우리를 부추긴다.

예수께서 하느님의 나라는 열렬함으로 얻어진다고 말씀하셨을 때 그것은 어떠한 모험을 대가로 치르고서만 하느님의 나라를 획득할 수 있다는 뜻이었다.

조만간 우리가 그리스도를 따른다면 우리는 모든 것을 얻기 위해 모든 것을 걸어야만 한다. 우리는 보이지 않는 것에 내기를 해야 하며, 우리가 보고 맛보고 느낄 수 있는 모든 것을 거는 모험을 해야 한다. 그러나 덧없는 세상보다 더 불확실한 것은 아무것도 없기 때문에 그 모험에는 그만한 가치가 있다는 것을 우리는 안다.

"이 세상의 형체가 사라지고 있기 때문입니다."(1코린 7,31)

용기가 없으면 우리는 결코 참된 단순함에 이를 수 없다. 비겁은 우리가 세상과 하느님 사이에서 주저하여 망설이게 한다. 이 주저함에는 참된 신앙이 없고 신앙은 다만 하나의 의견으로 남아 있을 뿐이다. 보이지 않는 하느님의 권위에 완전히 우리 자신을 맡기지 않으므로 우리는 결코 확신하지 못한다. 이 망설임은 희망에 대한 죽음이다. 어느 날엔가는 틀림없이 우리를 저버릴 것임을 잘 알고 있는, 눈에 보이는 지주支柱들을 우리는 결코 놓아 버리지 않는다.

이 주저는 참된 기도를 불가능하게 만든다. 주저하게 되면 감히 무언가를 결코 청하지 못하며, 청한다 하더라도 그 기도를 하느님께서 들어주실 것을 확신하지 못하므로 청하는 바로 그 순간에 인간적인 분별로 일시적인 대답을 꾸며 내려고 은밀히 노력한다(야고 1,5-8 참조).

우리가 기도하는 바로 그 순간에 기도에 대한 우리 나름의 대답을 준비하느라 바쁘다면 그 기도가 무슨 소용이 있겠는가?

6. 가난과 연민

 그리스도의 사랑밖에는 참된 영적 생활이란 없다. 오직 우리가 그분께 사랑받기 때문에 영적 생활이 있는 것이다. 영적 생활은 성령의 선물과 그분의 사랑을 받는 데 있다. 왜냐하면 예수 성심은 우리가 성령으로 살기를 사랑으로 원하시기 때문이다. 성령은 말씀과 성부로부터 나오는 바로 그 성령이며, 곧 성부께 대한 예수님의 사랑이다.

 우리에 대한 예수님의 사랑이 얼마나 지극한지 안다면 우리의 모든 가난, 우리의 모든 약함, 우리의 모든 영적 비참함과 나약함을 지닌 채 그분께 가기를 결코 두려워하지 않을 것이다. 참으로 우리에 대한 사랑의 참된 본질을 이해한다면 우리는 가난하고 무력한 모습으로 그분께 가기를 더 좋아할 것이다. 그때 우리는 결코 고통을 부끄러워하지 않을 것이다. 우리가 자비 외에는 아무것도 구할 것이 없을 때 고통은 우리에게 이익이 된다. 그분의 권능이 우리의 나약함 속에서 완전해짐을 진실로 믿을 때 우리는 무력함을 기뻐할 수 있다.

하느님의 사랑을 우리가 영적으로 이해했다는 가장 확실한 증거는 그분의 무한한 자비에 비추어 우리 자신의 가난을 이해하는 것이다.

예수님께서 우리의 가난을 사랑하신 것처럼 우리도 그렇게 사랑해야 한다. 이 가난은 그분께 매우 귀중하므로 우리의 가난을 성부께 바치기 위해, 또 우리에게 자신의 무한히 풍요로운 자비를 주시기 위해서 십자가 위에서 돌아가셨다.

예수님께서 다른 이들의 가난을 사랑하신 것처럼 우리도 그렇게 사랑해야 한다. 우리는 그분처럼 연민의 눈으로 다른 이들을 바라보아야 한다. 그러나 우리가 기꺼이 동정을 받아들이고 우리 자신의 죄에 대해 용서받고자 하는 마음이 없다면 다른 이들에 대한 참된 연민을 가질 수 없다.

용서받는 것이 무엇인지 모른다면 용서하는 방법도 알 수 없다. 그러므로 형제들에게 용서받을 수 있음을 기뻐해야 한다. 우리에 대한 그리스도의 사랑이 삶 속에서 드러나게 만드는 것은 바로 서로에 대한 용서다. 서로를 용서할 때 그분이 우리를 대하셨듯이 서로를 대할 수 있기 때문이다.

7. 그리스도인의 희망

그리스도인은 완전히 자기 자신에게 벗어나 그리스도 안에서 사는 사람이다. 그리스도인은 자신의 구원에 대한 믿음과, 죽음에 이르기까지 우리를 사랑하셨던 구세주에 대한 사랑 안에서 산다. 그리스도인은 무엇보다도 앞으로 올 세상에 대한 희망으로 산다.

희망은 참된 금욕주의의 비결이다. 희망은 우리 자신의 판단과 갈망을 부인하며 현재의 세계를 거부한다. 그것은 우리가 또는 세상이 약해서가 아니라 우리 자신의 선이나 세상의 선을 가장 잘 이용할 수 있는 처지에 있지 않기 때문이다. 그러나 우리는 희망 안에서 기뻐한다. 우리는 희망 안에서 피조물들을 즐긴다. 있는 그대로의 피조물들을 즐기는 것이 아니라, 그리스도 안에 있는 피조물, 약속으로 가득 찬 피조물들을 즐긴다.

모든 것들의 선함은 하느님의 선하심의 증거이며, 하느님의 선하심은 약속에 대한 그분의 충실성의 보증이다. 그분은 새 하늘과 새 땅, 그리스도 안에서 부활한 삶을 약속하셨다. 그분의 약속에 전적으로 매달리지 않는 모든 극기는 그리스도교적인 극기가 아니다.

나의 하느님, 나에게는 당신의 십자가에 대한 희망 외에는 아무런 희망도 없습니다. 당신은 겸손과 고통과 죽음으로 나를 모든 헛된 희망에서 구하셨습니다. 당신은 현세의 헛됨을 자신 안에서 죽이시고, 죽은 자들 가운데서 부활하심으로써 영원한 모든 것을 나에게 주셨습니다.

당신이 가난하신데 왜 내가 부유하기를 원해야 합니까? 거짓 예언자들을 들어 높이고 참된 예언자들에게 돌을 던진 이들의 자손들이 당신을 거부하여 십자가에 못 박았는데, 왜 내가 그들의 눈에 멋지고 강력하기를 갈망해야 합니까? 나를 삼켜 버리는 희망, 즉 이 세상에서의 완전한 행복에 대한 희망은 좌절될 수밖에 없는 절망일 뿐인데도, 왜 내가 그러한 희망을 가슴속에 품어야

합니까?

나의 희망은 눈으로 본 적 없는 것입니다. 그러므로 내가 눈에 보이는 보답을 신뢰하지 않게 하소서. 나의 희망은 사람의 가슴이 느낄 수 없는 것입니다. 그러므로 내가 내 가슴의 감정을 신뢰하지 않게 하소서. 나의 희망은 손으로 만져 보지 못한 것입니다. 내가 내 손가락으로 잡을 수 있는 것을 신뢰하지 않게 하소서. 죽음이 손아귀를 느슨하게 하면 나의 헛된 희망은 곧 사라질 것입니다.

나의 신뢰를 자신이 아니라 당신의 자비에 두게 하소서. 나의 희망을 건강이나 힘이나 능력이나 인간적 재산이 아니라 당신의 사랑에 두게 하소서.

당신을 신뢰하면 모든 것이 내게 힘이 되고 건강이 되고 도움이 될 것입니다. 모든 것이 나를 하늘로 데려갈 것입니다. 당신을 신뢰하지 않으면 모든 것은 나를 파괴할 것입니다.

8. 감사

 모든 죄는 하느님에 대한 무지라는 원죄에 대한 벌이다. 말하자면 모든 죄는 배은망덕에 대한 벌이다. 사도 바오로가 말하듯이 하느님을 '알았던' 이방인들은 그분을 알게 된 것을 감사하지 않았기 때문에 그분을 '알지' 못했다(로마 1,21 참조). 하느님에 대한 그들의 지식이 그들을 기쁘게 하지 못했으므로 그들은 그분을 알지 못했다. 왜냐하면 우리가 그분을 사랑하지 않으면 그것은 그분을 알지 못하는 것과 마찬가지이기 때문이다. 그분은 사랑이시다. 하느님은 사랑이시다.^{Deus caritas est}

 하느님에 대한 우리의 지식은 감사에 의해 완전해진다. 우리는 그분의 사랑이라는 진리를 체험할 때 그분께 감사하며 기뻐한다.

찬미와 감사의 제사인 성체성사는 하느님에 대한 지식이 불타고 있는 용광로이다. 그 희생 제사 안에서 예수께서는 성부께 감사하며, 성부의 영광을 위하여, 또 우리를 죄에서 구하기 위하여 당신 자신을 완전히 봉헌하시고 바치시기 때문이다. 우리가 그분의 희생 제사 안에서 그분을 '알아보지' 못한다면 그 희생이 우리에게 무슨 소용이 있겠는가? 하느님에 대한 지식은 '번제 이상의 것'(호세 6,6 참조)이다. 우리가 감사하고 예수님과 함께 성부를 찬양하지 않으면 우리는 그분을 모르는 것이 된다.

감사와 배은망덕 사이의 중립적 입장은 없다. 감사하지 않는 이들은 곧 모든 것을 불평하기 시작한다. 사랑하지 않는 이들은 미워한다. 영적 생활에서는 사랑이나 미움에 대해 무관심 같은 것은 없다. 그것이 바로 무관심한 것처럼 보이는 미지근한 태도가 그토록 혐오스럽게 여겨지는 까닭이며, 미지근함은 사랑으로 가장된 미움이다.

'뜨겁지도 차지도' 않아 탁 털어놓고 사랑하지도, 탁 털어놓고 미워하지도 않는 영혼의 미온성은 곤경에 빠지지 않고 가상假想의 자존심을 유지하기 위하여 표면적으로는 하느님을 사랑하는 척하면서 실은 하느님과 하느님의 뜻을 거부하는 상태이다.

하느님의 은총에 대해 일상적으로 감사할 줄 모르는 이들은 곧 이러한 상태에 이르게 된다. 하느님의 선하심에 참으로 응답하고 자기가 받은 모든 것에 감사하는 사람은 결코 미지근한 그리스도인이 될 수 없다. 참된 감사와 위선은 공존할 수 없다. 이 둘은 결코 양립될 수 없다. 감사는 그 자체로 우리를 진실하게 만든다. 그렇지 않다면 그것은 참된 감사가 아니다.

그러나 감사는 두뇌의 작용 이상의 것, 공식화된 단어 이상의 것이다. 우리는 하느님께서 우리를 위해 해 주신 것들을 머릿속에 인지認知함으로써 받은 은혜에 대해 마지못해 그분께 감사하는 것으로는 만족할 수 없다.

감사한다는 것은 하느님께서 우리에게 주신 모든 것 안에서 그분의 사랑을 인식함이다. 그분은 우리에게 주셨다. 그분은 우리에게 모든 것을 주신 것이다. 우리가 들이쉬는 모든 호흡이 그분 사랑의 선물이며, 존재의 매 순간이 은총이다. 우리의 존재는 하느님의 무한한 은총을 수반하기 때문이다.

그러므로 감사하는 마음은 그 무엇도 당연하게 여기지 않으며, 무응답인 경우가 결코 없으며, 끊임없이 새로운 경이에 눈뜨고 하느님의 선하심을 찬미한다. 감사하는 사람은 하느님이 선하심을 풍문이 아니라 체험으로 알고 있기 때문이다. 바로 이 사실이 모든 것을 다르게 만든다.

9 . 보잘것없는 존재

 나 자신이 보잘것없는 존재임을 알고 체험한다는 것은 무엇을 뜻하는 것일까?

 나의 환상과 잘못과 실수를 혐오하여 그것들에서 떠나고, 그것들이 존재하지 않는 것처럼, 내가 나 자신이 아니라 다른 사람인 것처럼, 그것들을 나 자신으로부터 분리시키는 것으로는 충분하지 않다. 이런 종류의 자기 말살은 보다 심한 환상일 뿐이며 위장된 겸손이다. "나는 아무것도 아니다."라고 말하는 것은 결국 "내가 현재의 나 자신이 아니면 좋겠다."라는 의미이다.

 이런 생각은 결함과 무력함을 경험하는 데서 나올 수 있지만 우리 내면에 그 어떤 평화도 가져오지 못 한다. 우리가 자신이 보잘것없음을 진실로 알기 위해서는 그 사실을 또한 사랑해야 한다. 그것이 좋은 것임을 깨닫지 못한다면 그것을 사랑할 수 없다. 또 그것을 받아들이지 못한다면 그것이 좋은 것임을 깨달을 수 없다.

우연성에 대한 초자연적인 경험은 다른 무엇보다도 하느님 앞에서 도덕적, 형이상학적으로 우리가 무력하다는 사실을 사랑하고 소중히 여기는 겸손을 가질 때 일어난다.

이와 같이 우리의 보잘것없음을 사랑하기 위해서는 우리 자신의 것인 그 무엇도, 우리가 가진 그 무엇도, 우리 자신의 그 어떤 모습도 거부해서는 안 된다. 우리는 그 모든 것이 우리의 것이며, 그 모든 것이 하느님으로부터 오기 때문에 그 실체가 선하다는 것을 이해하고 인정해야 한다. 우리의 무력함, 우리의 도덕적 또는 영적 비참함이 하느님의 자비를 끌어당기기 때문에 우리의 결함조차도 선하다.

우리의 보잘것없음을 사랑하기 위해서는 우리 안의 모든 것을 사랑해야 한다. 오만한 사람이 자신을 사랑할 때 그는 자기 안의 모든 것을 사랑할 것이다. 우리도 모든 것을 사랑해야 하지만 그 오만한 사람과는 정반대의 이유로 사랑해야 한다. 우리의 보잘것없음을 사랑하기 위해서 우리는 자신을 사랑해야 한다. 오만한 사람은 자신이 그 자체로 사랑과 존경과 숭배를 받을 만하다고 생각하므로 자신을 사랑한다. 자신이 하느님과 다른 사람들에게 사랑받아야 한다고 생각하며, 다른 이들보다 자신이 더 존경받고 사랑받고 숭배받을 만하다고 생각하기 때문에 자신을 사랑하는 것이다.

겸손한 사람도 자기 자신을 사랑하며 사랑받고 존경받기 위해 노력한다. 그러나 자신이 사랑과 존경을 받기에 '합당하기' 때문이 아니라 오히려 '합당하지 않기' 때문에 그렇게 한다.

그는 하느님의 자비에 의해 사랑받으려고 애쓴다. 그는 동료들의 관대함에 의해 사랑받고 도움받기를 간청한다. 자기가 아무것도 가지고 있지 않음을 알고 있지만 동시에 자신이 모든 것을 필요로 함도 알고 있다. 그래서 그는 두려움 없이 자기가 필요로 하는 것을 간청하고 또 얻을 수 있을 때에는 그것을 얻는다.

오만한 사람은 그 자신의 환상과 자만심을 사랑한다. 영적으로 가난한 사람은 바로 그 자신의 부족을 사랑한다. 오만한 사람은 아무도 가지지 못한 것을 자기가 가지고 있음에 대해 존경을 요구한다. 겸손한 사람은 다른 모든 이가 받은 것을 나누어 달라고 간청한다. 그는 또 하느님의 친절과 자비를 넘치도록 받기를 갈망한다.

10. 묵상 기도

 영적인 삶은 모든 삶에 우선한다. 그것은 단지 이해하고 연구해야 할 그 무엇일 뿐 아니라 또한 살아야 할 무엇이다. 다른 모든 삶과 마찬가지로 영적 삶은 그 고유의 영역에서 뿌리가 뽑히면 병들어 죽게 된다. 은총이 우리의 본성에 심어지면 인간은 성령의 현존과 일하심에 의해 오롯이 성화聖化된다.

 그러므로 영적 삶은 인간적 상황으로부터 완전히 뿌리 뽑혀 천사들의 영역으로 옮겨 심어진 삶이 아니다. 우리가 하느님을 찾는 인간으로 살 때 영적 인간으로 사는 것이다. 우리가 영적으로 되려면 우리는 인간으로 남아 있어야 한다. 신학적으로 이에 대한 증거가 불충분하다 하여도 그리스도의 육화肉化의 신비 자체가 충분한 증거가 될 것이다.

그리스도께서 당신의 성스러운 인간성을 통해 인간을 하느님과 신비롭게 결합시킴으로써 인간을 구하고자 함이 아니라면 그분께서 왜 인간이 되셨겠는가? 예수께서는 모든 시대를 통해 사람들의 일상적인 삶을 성화시키기 위해 그분 시대의 모든 이들이 누리는 평범한 삶을 사셨다.

그러므로 우리가 영적인 사람이 되기를 원한다면 무엇보다 먼저 우리 자신의 삶을 살아가도록 하자. 하느님의 뜻으로 우리에게 주어진 일에 대한 책임과 피할 수 없는 혼란을 두려워하지 말자. 현실을 얼싸안고 어디서나 우리를 둘러싸고 있는 하느님의 생명 의지와 지혜에 깊이 잠겨 있음을 알아보자.

먼저 우리가 무엇을 하고 있는지를 우리 자신이 알고 있는지 확인하자. 믿음이야말로 하느님의 뜻이 일상생활 속에 내재內在함을 이해할 수 있는 빛을 우리에게 줄 수 있다. 이 빛이 없으면 우리는 올바른 결정을 내리는 데 필요한 이해력을 얻을 수 없다. 이 확실성 없이는 우리는 초자연적 확신과 평화를 가질 수 없다.

우리가 가장 깊이 깨달았을 때에도 끊임없이 비틀거리고 넘어진다. 그러나 진정한 영적 어둠 속에 있을 때에는 넘어져도 넘어진 사실조차 모른다.

영적으로 항상 살아 있기 위해서는 믿음을 끊임없이 쇄신해야 한다. 우리는 짙은 안개 속을 항해하는 기선의 키잡이와 같다. 우리 앞의 어둠을 응시하며 다른 배들의 소리를 들으려고 귀를 기울이기도 한다. 정신을 바짝 차리고 있어야만 항구에 무사히 도달할 수 있는 것이다.

그러므로 영적 삶은 무엇보다 깨어 있음의 문제이다. 영적인 영감靈感에 대한 감수성을 잃어서는 안 된다. 영적으로 살아 있는 영혼의 깊은 곳에서, 마치 숨어 있는 본능에 의해서인 듯 울려 나오는 아주 나지막한 경고에도 항상 반응할 수 있어야 한다.

묵상은 영적인 인간이 스스로를 항상 깨어 있게 할 수 있는 여러 방법 중의 하나이다. 종교적 완덕을 열망하는 대부분의 사람들이 다름 아닌 묵상 중에 둔감해지고 잠들어 버린다는 것은 역설적逆說的인 일이 아니다. 묵상 기도는 엄격한 훈련이며 억지로 배울 수 있는 것이 아니다.

그것은 끊임없는 용기와 인내를 요구한다. 끈기 있게

그것을 배워 나갈 의지가 없는 사람은 마침내 타협하고 말 것이다. 여타의 경우처럼 여기서도 타협은 실패의 다른 이름일 뿐이다.

묵상한다는 것은 생각한다는 것이다. 그러나 성공적인 묵상은 추론이나 사고를 훨씬 넘어서는 것이다. 그것은 '애정'이나 우리가 행하는 일련의 준비된 '행위들'을 훨씬 넘어선다.

묵상 기도에서 우리는 마음과 입으로만 생각하고 말하는 것이 아니라 어떤 의미에서는 우리의 '온 존재'로 생각하고 말한다고 할 수 있다. 그때 기도는 단순히 공식적인 단어들이나 가슴속에서 솟구치는 여러 가지 갈망만은 아니다. 그것은 침묵과 집중과 찬미 속에서 우리의 몸과 마음과 영혼을 온통 하느님께 향하게 함이다. 모든 훌륭한 묵상 기도는 우리의 온 존재가 하느님을 향하는 것을 의미한다.

그러므로 일종의 내적인 격앙激昂 없이는 이런 의미의 묵상에 들어갈 수 없다. 이때 격앙은 혼란이란 의미가 아니라 일상에서의 탈출, 일상의 근심과 관심사에서의 해방을 뜻한다. 진지하게 내적 기도에 몰두하는 사람이 적은 이유는 이 내적인 격앙이 필요한데도 이를 조성하기 위해 노력할 능력이 없기 때문이다.

그들에게 관대함이 부족한 것인지도 모른다. 또 방향 감각과 경험이 없어서 엉뚱한 길에서 헤매고 있는 것인지도 모른다. 그들은 혼란에 빠져서 평정을 되찾기 위해 노력하다가 마침내 희망을 잃는다. 그들은 결국 그럭저럭 시간을 보낼 수 있는 일련의 허망한 일들과 타협하거나 관상이라는 이름으로 정당화될 수 있기를 바라면서 반혼수 상태로 빠져든다.

모든 영성 지도자들은 내적인 게으름과 수동적 관상의 희미하고 인지되지 않는 초기 단계 사이의 경계선을 결정하기란 어렵고도 미묘한 문제임을 알고 있다.

그러나 현재는 수동적 관상에 대해 실제로 상당히 많이 논의한 바 있기 때문에 게으른 사람들에게 '아무것도 하지 않음으로써 기도하는' 특권을 자신들이 누리고 있다고 주장할 근거를 주고 있다.

아무것도 인식하거나 느끼거나 생각하지 못하는 기도는 있을 수 있지만 '아무것도 하지 않거나' '아무 일도 일어나지 않는' 기도란 없다.

모든 참된 내적 기도는 아무리 단순하다 해도 우리 온 존재가 하느님을 향할 것을 요구한다. 이것이 이루어질 때까지는—우리 자신의 노력에 의해 능동적으로 이루어지든지 성령의 일하심에 의해 수동적으로 이루어지든지—우리는 '관상'에 들어가지 못하며, 하느님께 닿으려는 노력을 이완시킬 수도 없다.

우리의 내적 자아를 온전히 하느님을 향하게 하지 않고 하느님을 관상하려 한다면 결국에 가서는 어쩔 수 없이 우리 자신을 관상하게 될 것이다. 어쩌면 우리 자신의 감각적 본성인 따뜻한 어둠의 심연으로 뛰어들 것이다. 이것은 우리가 마음 놓고 수동적으로 남아 있을 수 있는 그 어둠이 아니다.

반면 우리의 상상력과 감정에 지나치게 의존한다면 하느님께로 회심回心하는 것이 아니라 제멋대로 날뛰는 영상映像들 속으로 뛰어들어 우리 스스로 종교적 경험을 날조할 것이다. 이것 역시 위태롭다.

온 존재를 하느님께 '향하게 함'은 참되고 깊고 단순한 믿음으로만 이루어질 수 있다. 그때 하느님과 접촉이 가능하다는 희망과 무엇보다도 그분의 뜻을 행하고자 열망하는 사랑이 이 믿음에 생기를 준다.

때때로 묵상은 하느님께 향하려는, 또 믿음으로 그분의 얼굴을 찾으려는 성공하지 못한 투쟁 이외의 아무것도 아니다.

우리가 통제하지 못하는 여러 가지 일들이 효과적인 묵상을 도덕적으로 불가능하게 만들 수 있다. 그런 경우 믿음과 선한 의지만 있으면 충분하다. 우리가 하느님께 향하려고 참으로 진실하고 정직하게 노력했는데도 정신을 가다듬을 수 없다면 그 시도는 묵상으로 간주되어야 할 것이다. 이것은 하느님께서 참된 묵상 대신에 우리의 실패한 노력을 자비로이 받아 주심을 의미한다. 이러한 내적인 무력無力함이 내적 삶에 있어 진정한 진전의 표시인 경우도 있다. 이 무력함이 우리를 하느님의 자비에 보다 완전하고 평화롭게 의존하게 해 주기 때문이다.

하느님의 은총으로 우리가 온전히 그분께 향할 수 있고, 그분과 대화하고 그분을 흠숭하기 위해 다른 모든 것을 제쳐 놓을 수 있다 해도 그것이 항상 그분을 상상하거나 그분의 현존을 느낄 수 있다는 의미는 아니다.

우리의 온 존재가 온전히 하느님께 향하는 데는 상상

력이나 감정이 필요치 않다. 하느님에 대한 '관념idea'에 강렬한 집중이 요구되는 것도 아니다. 인간의 언어로 전달하기는 어렵지만 매우 현실적이고 인지 가능한—그러나 거의 정의하기 불가능한—하느님의 현존이 있다. 이 현존 안에서 우리는 기도 중에 그분을 대면하며, 우리를 아시는 그분을 알고, 우리를 의식하시는 그분을 의식하며, 우리를 사랑하시는 그분을 사랑한다.

정녕 그분이 우리를 사랑하심을 우리는 이미 알고 있다. 우리 자신의 충만한 인격을 우리 자신이 대면하고 있듯이 우리는 존재와 타자성他者性과 자아Self-hood에 있어서 무한하신 그분과 대면한다. 이것은 얼굴을 맞대고 보는 것은 아니다. 소아小我와 대아大我의 대면이다. 이 대면 중에 온 존재를 경건히 집중하여 모든 것이 그분 안에서 존재하는 바로 그분을 안다. 그분의 현존에 눈을 뜨는 '눈眼'은 겸손의 한가운데, 자유의 중심에, 영성의 가장 깊은 곳에 존재한다. 묵상은 다름 아닌 이 눈을 뜨는 일이다.

11. 가난은 자유에 이르는 문

우리는 성사^{聖事}로 양육되고 교회의 기도와 가르침으로 형성되므로 하느님께서 교회 안에 우리를 위해 마련하신 특정한 자리 외에는 그 어느 것도 찾을 필요가 없다. 그 자리를 찾으면 우리의 삶과 기도는 즉시 아주 단순해진다.

그때 우리는 영적인 삶이 정말 어떤 것인지를 발견한다. 그것은 어떤 선행 대신에 다른 어떤 선행을 행하는 문제도 아니고, 어떤 곳이 아닌 다른 어떤 곳에 사는 문제도 아니며, 어떤 방식이 아닌 다른 어떤 방식으로 기도하는 문제도 아니다. 그것은 우리 자신의 영혼 속에 일어나는 어떤 특별한 심리적 효과의 문제도 아니다.

영적 생활은 하느님이야말로 모든 것이고 우리는 아무

것도 아니라는 일상적인 깨달음, 그분은 모든 것이 향하는 중심이며, 우리의 모든 행위가 지향해야 할 중심이라는 깨달음을 통하여, 그분 앞에서 자책하고 흠숭하며 우리의 온 존재가 침묵하는 것이다.

또한 우리의 삶과 힘은 그분에게서 나오며, 우리는 살 때나 죽을 때나 온전히 그분께 의존하고 있다는 것, 그분은 우리 삶의 노정路程을 미리 알고 계시며, 그것은 그분의 지혜롭고 자비로운 섭리의 계획에 속한다는 것을 깨닫는 것이다.

나아가 그분 없이 우리 힘으로 우리끼리 사는 것은 어리석은 일이라는 것, 우리의 모든 계획과 영적인 갈망이 하느님에게서 나와 그분에게서 끝나지 않는다면 그것들은 무익하다는 것, 결국 단 한 가지 중요한 것은 그분의 영광이라는 것을 깨달음을 뜻한다.

끊임없이 우리의 기도를 검토하고 다만 심리적 과정에 지나지 않는 어떤 평화로운 상태가 기도의 결실이라고 착각한다면 기도 생활을 망치게 된다. 관상 기도에서 추구해야 할 유일한 대상은 오직 하느님이다. 그분이 당신 자신을 우리에게 드러내시지 않으면 그분을 찾아낼 수 없지만, 동시에 우리가 이미 그분을 찾아냈기에 그분이 당신을 찾도록 우리를 격려하셨음을 깨달을 때, 우리는 올바르게 그분을 찾고 있는 것이다.

우리 자신의 가난에 만족하면 할수록 우리는 하느님께 그만큼 더 가까이 있다. 그때 우리는 자신에게서는 아무것도 기대하지 않고 하느님에게서 모든 것을 기대하면서 우리의 가난을 평화롭게 받아들이기 때문이다.

가난은 자유에 이르는 문이다. 그것은 가난 자체가 의미하고 있는 근심과 압박감에 우리가 갇혀 있기 때문이 아니라, 자신 안에서 희망의 원천이 될 그 무엇도 발견하지 못하고, 자신 안에는 방어해야 할 아무것도 없음을 알기 때문이다. 우리 자신 안에는 사랑해야 할 특별한 것이 아무것도 없다. 그러므로 우리는 자신을 벗어나 하느님 안에만 희망을 두고 그분 안에서 쉰다.

영적 생활에는 우리 자신 안에서 하느님을 발견하는 어떤 단계가 있다. 이 현존은 그분의 사랑으로 인하여 생겨난 하나의 느낌이다. 그것은 그분이 우리에게 주신 선물이다. 그 선물은 우리 안에 머무른다. 하느님의 모든 선물은 좋은 것이다. 그러나 우리가 그분 안에 머무르지 않고, 그분의 선물 안에 머무른다면 선물은 그 좋은 본성을 잃는다. 이 선물의 경우에도 마찬가지다.

우리가 다른 것들을 향하여 나아가야 할 적절한 시기가 되면 하느님께서는 우리의 신앙을 굳건하게 만들기 위해 그분의 현존에 대한 느낌을 거두어 가신다. 그 후에는 어떤 심리적 효과를 매개로 하여 그분을 찾는 것은 쓸데없는 일이다.

우리의 가슴속에서 그분에 대한 느낌을 찾는 것도 부질없는 일이다. 우리 자신에게서 벗어나 우리 자신 위로 상승하여, 이제는 우리 안에서가 아니라 우리 밖에서, 우리 위에서 그분을 찾아야 할 시간이 온 것이다.

처음에는 바싹 마른 신앙으로, 우리 가난의 잿더미 밑에서 뜨거운 석탄처럼 타고 있는 희망으로 우리는 그분을 찾는다. 또한 우리 형제들을 도우면서 겸손한 사랑으로 그분을 찾는다. 그때 하느님께서 원하신다면 그분은 단순성 안에서 우리를 그분께로 들어 올려 주신다.

그분의 권능으로 우리를 떠받쳐 달라고 하느님께 애원하지 않는다면 우리의 약함을 아는 것이 무슨 소용이 있겠는가? 그분의 자비를 간청하기 위해 우리의 가난을 사용하지 않는다면 그 가난을 인식하는 일이 무슨 가치가 있겠는가? 우리가 미덕을 갖추고 있다는 생각으로 흡족해하는 것도 매우 잘못된 일이지만 우리의 약함과 죄를 의식하면서도 무관심한 타성에 빠져 있음은 더욱더 잘못된 일이다.

우리의 약함과 가난은 하느님께서 갈망의 씨앗을 뿌리는 터전이므로 가치 있는 것이다. 우리가 아무리 타락한 것처럼 보인다 해도, 우리의 끔찍한 비참함에도 그분을 사랑하려는 확신에 찬 열망 자체가 바로 그분 현존의 표시이며 우리 구원의 보증이다.

12. 통합된 영적 삶

당신이 영적 생활을 하고 싶다면 삶을 단일화單一化해야 한다. 삶은 완전히 영적이거나 전혀 영적이 아니거나 둘 중의 하나이다. 그 누구도 두 주인을 섬길 수 없다. 당신의 삶의 목적에 의해 당신의 삶은 형성된다. 당신은 당신이 갈망하는 바대로 만들어진다.

당신의 삶을 단일화하기 위해서는 당신의 갈망을 단일화하라. 당신의 삶을 영성화하기 위해서는 당신의 갈망을 영성화하라. 당신의 갈망을 영성화하기 위해서는 갈망 없이 존재하기를 갈망하라.

영적으로 산다는 것은, 우리가 믿지만 볼 수 없는 하느님을 위하여 사는 것이다. 그러므로 이렇게 살기 위해서는 볼 수 있는 모든 것에 대한 갈망을 포기해야 한다. 이해될 수 없는 그분을 소유한다는 것은 이해될 수 있는 모든 것을 포기한다는 의미다. 모든 창조된 휴식의 피안彼岸에 계시는 분 안에서 쉬기 위하여, 우리는 창조된 것들 안에서 쉬려는 갈망을 포기한다.

세상을 포기함으로써 우리는 세상을 정복하고 세상의 복합성을 밟고 일어서며, 하느님 안에서 모든 것을 발견하는 단순한 사랑으로 세상을 총괄적으로 단순하게 대하게 된다.

예수께서, 자기 생명을 구하려는 사람은 생명을 잃을 것이고 하느님을 위해 자기 생명을 버리려는 사람은 생명을 구할 것이라고 말씀하신 이유는 바로 이 때문이다.

욥기 28장—바룩서 3장에서도 알 수 있듯이—은 하느님의 지혜는 감추어져 있고 발견될 수 없다고 말하지만 마지막에 가서는 하느님의 지혜는 쉽게 발견된다고 앞의 말을 번복하고 있다. 하느님에 대한 두려움, 즉 경외함이 곧 지혜이기 때문이라는 것이다.

수도자는 그 본분 밖에서 지혜를 찾아서는 안 된다. 그렇게 한다면 그는 결코 지혜를 발견하지 못할 것이다.

그에게 있어 지혜는 그의 소명 안에 존재하기 때문이다. 수도원 안에 사는 그의 삶이 바로 지혜이다. 수도자들은 자신의 삶을 살아감으로써 하느님을 발견하는 것이지, 하느님께서 그에게 주시지 않은 어떤 것을 그의 삶에 부가함으로써 하느님을 발견하는 것이 아니다. 왜냐하면 지혜는 우리 안에 사시고 우리에게 당신 자신을 드러내시는 하느님이기 때문이다. 삶은 우리가 열심히 살아가는 정도만큼만 우리에게 자신을 드러내 보인다.

수도 생활은 하느님의 자비로 가득 차 있다. 수도자가 행하는 모든 일은 하느님께서 뜻하신 것이며 하느님의 영광을 드러내는 것이다. 하느님의 뜻을 행하는 가운데 우리는 하느님의 자비를 받는다. 우리는 하느님의 자비라는 선물에 의해서만 순수하고 초자연적인 의도를 가지고 그분의 뜻을 행할 수 있기 때문이다.

그분은 이 의도를 하나의 은총으로 우리에게 주신다. 이 은총으로 그분을 사랑할 수 있는 우리의 능력이 확대되고, 그로 말미암아 더 많은 은총과 더 많은 자비를 받게 된다. 그분의 자비를 받을 수 있는 우리의 능력이 커지면 커질수록 그분께 찬미를 드릴 수 있는 우리의 능력도 커진다. 왜냐하면 그분은 오직 당신 자신의 선물에 의해서만 찬미를 받으실 수 있고, 그분의 자비로 가장 큰 사랑을 품게 된 사람들에 의해 가장 많이 찬미받으시기 때문이다.

"적게 용서받은 사람은 적게 사랑합니다."(루카 7,47)

13. 무소유의 기쁨

　수도 공동체에서 가장 가난한 이란 사용할 물건을 가장 적게 할당받은 사람만을 의미하지 않는다. 가난은 다만 '물건들'을 가지지 않는 문제만이 아니다. 가난은 물건을 사용함으로써 누릴 수 있는 몇 가지 이점을 우리로 하여금 포기하게 만드는 어떤 태도이다.

　어떤 이는 아무것도 소유하고 있지 않으면서도 평범한 일에서 개인적 만족과 즐거움을 얻기를 바라고, 그러한 만족과 즐거움에 커다란 중요성을 부여할 수도 있다. 그러한 평범한 일들이란 성가대에서의 노래, 모임에서의 설교, 식사 때의 독서, 자유 시간, 다른 이들을 위한 시간 같은 것들이다.

　공동체에서 가장 가난한 이는 다른 사람들이 마음대

로 할 수 있는 사람이다. 그는 모든 이에게 이용될 수 있고 그 자신을 위해서 특별한 어떤 일을 하기 위해서는 결코 시간을 내지 않는다.

가난은 우리의 의견, 우리의 '방식', 우리를 남과 다른 존재로 부각시키는 모든 것을 드러내지 않게 한다. 즉 우리를 남보다 우월해 보이게 하는 특이성을 만족스러워하거나 이것들을 '소유물'로 간주하는 태도를 참아 내게 한다. '가난'이 우리를 특이하게 만들어서는 안 된다. 자신을 색다르게 보이려 하는 사람은 마음이 가난한 사람이 아니다.

다른 이들을 돕고 우리의 시간과 소유물을 그들에게 줄 수 있는 능력도 '소유되고' 집착될 수 있다. 남을 돕는다고 우리 생각을 강요하고 그들에게 의무를 지우는 것이 곧 그것이다. 그런 경우 우리가 그들에게 베푸는 호의로 그들을 사고 소유하려 하기 때문이다.

오 하느님, 우리 중에 누가 부끄러움 없이 가난에 대해 말할 수 있겠습니까? 수도원에서 가난하게 살겠다고 서약한 우리들이지만 우리는 정말 가난할까요? 가난을 사랑함이 어떤 것인지 우리는 알고 있을까요? 왜 가난을 사랑해야 하는지 잠시라도 하던 일을 멈추고 생각해 본 적이 있을까요?

하지만 오 하느님, 당신은 가난한 이들 가운데 가난하게 사시려고 이 세상에 오셨습니다. 왜냐하면 부자가 하늘나라에 들어가는 것보다 낙타가 바늘구멍으로 들어가는 것이 더 쉽기 때문입니다. 그런데 우리는 가난을 서약했으면서도, 법적으로는 아무것도 소유하고 있지 않다는 사실과 무언가를 가지려면 누군가의 허락을 받아야 한다는 사실만 가지고 만족하고 있지는 않습니까?

이것이 가난입니까? 직장을 잃어 청구서를 지불할 돈도 없고 아내와 아이들이 여위어 가는 것을 보며 공포와 분노로 가슴속이 타들어 가는 사람이 있다면, 그 사람은 절실히 필요로 하는 것을 요청하기만 하면 얻을 수 있습니까? 청해 보라고 하십시오. 하지만 우리가 필요로 하지 않는 많은 것들과 가져서는 안 될 많은 것들을 가질 수 있는 우리는 그러한 것들을 허락받고서 가지기 때문에 가난합니다. 우리가 그러한 것들을 허락받고 가지기 때문에 말입니다.

가난은 궁핍을 뜻합니다. 가난을 서약했으면서도 궁핍하게 지내지도 않고, 어떤 것이 필요하다고 당장 그것을 가질 수 있다면 그것은 살아 있는 하느님을 조롱하는 것입니다.

14. 생명의 책 그리스도

 독서는 진리의 하느님께 경의를 표하는 행위이어야 한다. 우리는 하느님께서 창조하신 실체나 더욱 위대한 실체인 그분 자신을 반영하는 말씀에 마음을 연다. 독서는 또한 하느님께서 그분의 진리를 우리에게 전달하는 도구로 사용하신 이들에 대한 겸손과 존경의 행위이기도 하다.

 우리가 독서에서 좀 더 많은 것을 얻고, 독서가 지성의 행위만이 아니라 온 인격의 더욱 심도 있고 활기찬 행위가 될 때, 그것은 하느님을 한층 더 많이 찬미하는 행위가 된다. 그때 우리는 사고, 묵상, 기도 또는 하느님께 대한 관상에 몰입하고 심신이 상쾌해진다.

 책은 우리에게 하느님처럼, 인간처럼, 또는 우리가 사는 도시의 소음처럼 말을 건넬 수가 있다. 책이 빛과 평화를 가져다주고 우리를 침묵으로 채운다면, 책은 우리에게 하느님처럼 말하는 것이다. 우리가 책을 놓기 원하지 않을 때 책은 우리에게 하느님처럼 말한다. 우리가 그 책의 말을 다시 듣기를 원할 때 책은 인간처럼 우리에게 말하는 것이다. 책이 우리에게 아무것도 말해 주지 않고, 평화도, 도움도, 기억할 만한 그 무엇도 주지 않으면서도 우리를 빠져 나가지 못하게 하고, 그 권태로 우리를 포로로 만든다면, 책은 도시의 소음처럼 우리에게 말하는 것이다.

하느님처럼 말하는 책은 너무 권위 있게 말하므로 우리를 즐겁게 해 주지 못한다. 좋은 사람들처럼 말하는 책은 그 인간적인 매력으로 우리를 사로잡는다. 그 책 속에서 자신을 발견함으로써 우리는 성장한다. 그 책은 다른 사람 안에서 자신을 알아봄으로써 자신을 더 잘 알도록 가르쳐 준다.

군중의 소음처럼 말하는 책은 오로지 그 공허함의 무게로 우리를 절망에 빠뜨린다. 그 책은 도시의 밤거리 불빛처럼 채워 줄 수 없는 희망으로 우리를 위로한다.

책들은 위대할 수도 있고 우리의 친구일 수도 있지만 사람을 대신할 수는 없다. 책은 단지 위대한 사람들, 그들 고유의 인간성 이상의 그 무엇을 가지고 있는 사람들, 그들 자신만이 아니라 전 세계를 위해 태어난 사람들과 사귀기 위한 방편일 뿐이다.

사상과 말이 아니라 진리가 지성의 자양분이다. 이 진리는 지력知力만 살찌우는 추상적 진리가 아니다. 영적인 사람이 추구하는 진리는 실체, 존재, 본질을 모두 합친 온전한 진리, 사랑하고 껴안을 수 있는 그 무엇, 우리의 행위로 경의를 표하고 봉사할 수 있는 그 무엇이다. 어떤 것, 사람들, 또는 한 위격位格 이상의 그 무엇이다. 진리는 무엇보다도 존재를 본질로 하고 있는 그분, 하느님이다

육화肉化된 말씀이신 그리스도는 우리가 하느님을 읽을 수 있는 생명의 책이다.

15. 겸손과 절망

겸손은 미덕이지 신경증이 아니다.

겸손은 덕스럽게 행동하고 하느님을 섬기고 하느님을 알도록 우리를 해방시킨다. 그러므로 참된 겸손은 진실로 덕스러운 행동을 결코 방해할 수도 없고, 우리가 하느님의 뜻을 행함으로써 우리 자신을 실현하는 것을 막을 수도 없다.

겸손은 우리에게 우리 자신의 환상을 보여 줌으로써, 또 겉으로만 좋은 것으로부터 우리의 의지를 떼어 냄으로써 참으로 좋은 것을 행하도록 우리를 해방시킨다. 우리의 존재를 얼어붙게 하고, 모든 건전한 활동을 좌절시키는 겸손은 전혀 겸손이 아니며, 오히려 가장假裝된 형태의 오만이다. 그러한 겸손은 영적 생활의 뿌리를 말라붙게 하고 우리 자신을 하느님께 바치지 못하도록 만들 뿐이다.

하느님, 당신은 우리에게 겸손을 사랑하라고 가르치셨지만 우리는 그것을 배우지 못했습니다. 우리는 다만 겸손의 외형, 사람을 매력적이고 매혹적으로 보이게 하는 그런 겸손만 사랑하기를 배웠습니다. 우리는 때때로 조용히 겸손의 속성에 대해서 생각해 봅니다. 그리고 자주 우리가 그것을 소유하고 있는 척하고 '겸손을 실천함'으로써 그러한 속성을 얻은 것처럼 행동합니다.

우리가 참으로 겸손하다면 우리가 얼마만큼 거짓말쟁이인지 알 수 있으련만…. 끊임없이 내가 거짓말쟁이고 사기꾼임을 나에게 보여 주는 그러한 겸손을 지닐 수 있도록 가르쳐 주소서. 내가 거짓말쟁이고 사기꾼이라 해도 진리를 향해 노력하고 할 수 있는 한 진실해야 할 의무가 나에게 있음을 보여 주는 그런 겸손을 지닐 수 있도록 가르쳐 주소서. 나의 모든 진실이 반은 기만으로 물들어 있음을 어쩔 수 없이 알게 된다 하더라도 말입니다.

겸손은 결코 완전할 수 없다는 것, 이것이 겸손의 끔찍한 면입니다. 이 지상에서 완전히 겸손할 수 있다면 얼마나 좋겠습니까. 그러나 그것은 불가능하고 그래서 그것이 문제입니다.

하느님, 당신은 겸손하셨습니다. 그러나 우리의 겸손은 바로 오만함이며, 또 그 오만에 대해 잘 알고 그 오만의 참을 수 없는 무게에 짓눌려 찌부러지면서도 그것에 대해 아무것도 할 수 없음을 압니다.

당신의 자비는 어찌 그리 엄격한지요. 그렇지만 그럴 수밖에 없겠지요. 당신의 진리가 참되어야 하기 때문에 당신의 자비는 공정할 수밖에 없습니다. 그렇지만 당신은 자비를 베푸실 때 얼마나 엄격하신지요. 우리가 진실하려고 노력하면 할수록 스스로의 허위성을 더 많이 발견하니까요. 당신의 빛이 우리를 가차 없이 절망에 이르게 한다면 그것은 자비입니까? 아닙니다. 당신은 나를 절망이 아니라 겸손에 이르게 하십니다. 어떤 면에서 참된 노습은 매우 참담한 절망이기 때문입니다. 참된 겸손이란 내가 오로지 당신 안에만 희망을 두도록 나 자신에 대한 절망이기 때문입니다.

어느 누가 그러한 어둠 속에 빠지는 것을 견딜 수 있겠습니까?

16. 종鐘소리

종鐘은 우리를 일깨워 준다. 하느님만이 선하시며 우리는 그분에게 속해 있을 뿐 이 세상을 위해 살고 있지 않음을 일깨워 준다.

모든 것은 지나가며 우리의 관심사들도 그다지 중요한 것이 아님을 상기시키기 위해 종은 우리의 근심 걱정을 깨뜨리며 울린다.

그 소리는 갖가지 의무와 덧없는 걱정거리 때문에 우리가 잊어버린 우리의 자유에 대해 얘기해 주고, 우리가 하늘에 계신 하느님과 연결되어 있음을 알려 준다.

종소리는 우리가 그분의 참된 성전聖殿임을 말해 준다. 그것은 우리 안에 계신 그분과 화해하라고 우리를 부른다.

이 모든 것을 우리에게 일깨우기 위해 종을 축복하는 예식 기도의 끝에 마리아와 마르타에 관한 복음을 읽는 것이다.

종은 말한다.

"일상사는 중요하지 않다. 하느님 안에서 쉬며 기뻐하라. 왜냐하면 이 세상은 단지 다가올 세상의 상징이자 약속일 뿐이며, 덧없는 것들에 초연한 이들만이 영원한 약속의 실체를 소유할 수 있기 때문이다."

종은 또한 말한다.

"우리는 수 세기 동안 거대한 교회들의 첨탑에서 말을 했다. 우리는 너희 조상들의 땅에서 성인聖人들인 그들에게 말해 왔다. 지금 너희들을 초대하듯이 우리는 그들도 성성聖性으로 초대했다. 우리가 그들에게 한 말은 무엇이겠는가?"

종은 이어서 말한다.

"우리는 '선한 사람이 되어라. 교회에 오너라.'라고만 말하지는 않았다. 우리는 '십계명을 지켜라.'라고만 말하지도 않았고, 무엇보다도 '그리스도께서 부활하셨다. 그리스도께서 부활하셨다!'라고 말했다. 우리는 이렇게도 말했다. '우리와 함께 가자. 하느님은 선하시다. 구원은 어렵지 않다. 그분의 사랑으로 구원이 쉬워졌다!' 우리의 이 메시지는 온 사람이나 오지 않은 사람이나 항상 모든 사람을 위한 것이었다. 왜냐하면 하늘에 계신 아버지께서 완전하시듯이 우리의 노래도 완전하며, 우리는 모든 이에게 사랑을 쏟아붓기 때문이다."

17. 존재의 심연

　낙원에서 아담이 동물들에게 이름을 지어 준 일은 꼭 필요한 것이었다. 마찬가지로 우리 자신의 침묵을 공유하는 어떤 것들에게 이름을 지어 주는 일 또한 필요하다. 이것은 그들의 은밀성을 방해하거나 그들에 관한 생각으로 자신의 고독을 방해하기 위해서가 아니라, 침묵을 구체화하고 침묵의 실체를 확인하기 위해서이다. 그들은 침묵 안에 머무르고 침묵은 그들 안에 머무르기 때문이다.

　침묵 속에 있는 존재들이 참된 침묵을 만든다. 그들의 침묵은 그들의 존재와 동일화되기 때문이다. 그들의 존재를 명명命名하는 것은 그들의 침묵에 이름 붙이는 것이다. 그러므로 그것은 존경을 표하는 행위여야 한다.

축복 기도는 그들을 좀 더 존경받을 만한 가치가 있게 한다.

기도는 하느님 안에 속해 있는 존재들을 경외하기 위해 말을 사용한다. 마술은 침묵을 깨뜨리고 존재들의 성성聖性을 파괴하기 위해 말을 사용한다. 하느님의 침묵 앞에서 존재들이 마치 무엇에 홀리고 비열하게 악용되어 하느님으로부터 떼어질 수 있는 것처럼 존재들을 다룬다. 마술은 그분의 침묵을 침입자의 가면으로, 즉 하느님의 보좌를 찬탈하여 그분의 현존 대신에 자신을 내세우는 어떤 악한 세력으로 그 침묵을 모독한다.

그러나 무엇이 존재하시는 그분을 대신할 수 있겠는가? 존재하지 않는 것은 그분의 자리를 찬탈하는 시늉바에 낼 수 없다. 그것은 단지 하느님을 더욱 명확히 긍정할 뿐이다. 왜냐하면 "존재하지 않는다."는 말에서 '않는다'를 삭제하면 '존재한다'만 남기 때문이다.

하느님의 침묵 속에서 우리가 눈앞에 존재하지 않는 것을 꿰뚫어 보며 '존재하시는 그분'이, 항상 우리 자신과 그분 사이에 끼어들려고 애쓰는 '존재하지 않는 것'보다 우리에게 더 가깝다는 사실을 깨달을 때 우리는 마술을 극복한다.

그분의 현존現存은 나 자신의 존재 속에 드러난다. 내가 존재한다면 그분도 존재하신다. 내가 존재함을 깨닫는 과정에서 나의 존재와 나의 현재의 실재實在의 밑바닥까지, 나 자신의 가장 깊은 뿌리인 그 정의할 수 없는 '존재함'까지 꿰뚫어 내려간다면, 이 깊이 숨어 있는 중심을 통하여 나는 전능하신 분의 이름이신 무한한 '나는 있는 자'에게로 넘어갈 수 있다.

침묵 속에 있을 때 나 자신에 대한 나의 지식은—이 지식은 나의 자아를 숙고함으로써가 아닌 나의 참된 자아의 신비를 통찰함으로써 얻어진 지식이다. 이 참된 자아는 지극히 특별하기 때문에 언어와 개념을 초월한다—하느님 자신의 침묵과 '주체성'을 향하여 열린다.

그리스도의 은총으로 나는 '접목接木된 말씀'과 농일시된다. 이 '말씀'은 내 안에 사시는 그리스도이시다. 그리스도께서 내 안에 사신다. 사랑으로 동일시되면 내밀하고 희미하지만 형언할 수 없는 확실성을 띤 지식과 인식을 얻게 된다. 이러한 확실성은 관상 속에서만 얻어진다.

우리가 하느님의 외아들 안에 존재하는 하느님의 자녀

임을 '알' 때―신앙에 대한 확신이 없는 어둠 가운데서 영적 이해에 빛이 비추어짐으로써―우리가 하느님 안에 있고 하느님이 우리 안에 있다는 위대한 신비를 조금이나마 체험하게 된다.

그때 우리는 하느님께서 그분의 다함없는 존재의 심연 위로 굽히시어 그분 자신으로부터 우리를 이끌어 내시고 우리에게 그분 진리의 빛을 입히시며, 그분 사랑의 불로 우리를 정화시키시고 십자가의 힘으로 그분의 외아들과 우리를 결합시키셨음을 부지중에 이해한다.

"우리 모습으로 사람을 만들자!"(창세 1,26)

"샛별이 돋기 전에 이슬처럼 내 너를 낳았노라."(최민순 옮김 시편 109,3 참조)

오, 만물의 아버지이신 위대하신 하느님, 당신의 무한한 빛은 내게는 어둠이오며 당신의 무량함은 내게는 공허함이옵니다. 당신 자신 안에 있는 나를 사랑하시기에 당신은 나를 당신 자신으로부터 불러내셨습니다. 나는 다만 당신의 다함없고 영원한 실재의 순간적인 나타남일 뿐입니다. 당신께서 외아드님의 성심 안으로 나를 끌어당겨 주시지 않는다면, 당신을 알 수도 없고, 이 어둠 속에서 길을 잃을 것이며, 당신에게서 이 허공 속으로 떨어져 나갈 것입니다.

아버지, 내가 알 수 없는 당신을 사랑하오며, 내가 보지 못하는 당신을 껴안으며, 내가 마음 상하게 해 드린 당신께 나를 온전히 맡깁니다. 당신께서는 내 안에서 당신의 아드님을 사랑하시기 때문입니다. 당신은 내 안에서 외아드님을 보시고 내 안에서 그분을 껴안으십니다. 나를 위하여 기꺼이 십자가 위에서 죽으셨던 그 사랑으로 인하여 그분은 완전히 나와 일치하기를 원하셨기 때문입니다.

에사우의 옷을 입은 야곱처럼, 다시 말하면 예수 그리스도의 공로와 귀중한 피를 입고서 나는 당신께 나아갑니다. 그리고 아버지, 당신은 당신 사랑을 느러내 보여 주는 이 위대한 신비의 어둠 속에서 소경인 듯이 행동하기를 바라시기에 내 머리 위에 손을 얹으시고 나를 당신 외아들로 축복해 주십니다. 당신은 그리스도 안에서만 나를 보기 바라셨지만 그것은 있는 그대로의 좀 더 참된 나의 모습을 보기 위해서였습니다. 왜냐하면 죄지은 자아는 나의 참된 자아가 아니고, 당신께서 내게 바라셨던 자아도 아니며, 다만 내가 나 자신에게 바랐던 자아일 뿐이기 때문입니다.

그리고 나는 이제 이 거짓된 자아를 바라지 않습니다. 아버지, 이제 나는 당신 외아드님의 자아를 입고서 당신께 가렵니다. 그분의 성심이 나를 사로잡고 나의 죄를 부숴 버렸기 때문입니다. 그리고 다름 아닌 그분이 나를 당신께 소개시킬 것입니다. 소개시키는 그곳은 바로 그분 자신의 거룩한 성심입니다. 그곳은 당신의 궁전이며, 천국에서 성인들이 당신을 숭배하는 성전입니다.

18. 생명의 침묵

나는 그분의 침묵을 공유하고 숭배하므로 그분을 이름 지을 필요가 있다. 그분의 침묵 속에서 그분께서도 나의 이름을 부르시기 때문이다. 그분만이 홀로 내 이름을 아시며, 내 이름 안에서 나도 그분의 이름을 안다. 그분께서 '내 아들'이라고 나를 부르시는 그 순간 나는 그분이 '내 아버지'이심을 알기 때문이다.

이 인식은 내 안에서는 하나의 행위이며 그분 안에서는 하나의 위격이다. 내 안의 이 행위는 내 안에서 일어나는 그분의 위격, 그분의 성령, 그분의 사랑의 움직임이시다. 그분이 움직일 때 나도 그분과 함께 움직인다. 그래서 움직이는 것은 또한 나이기도 하다. 내가 움직일 때 나는 눈이 뜨여 '내가 존재함'을 알게 됨으로써" 아빠, 아버지!"라고 외친다.

나 자신의 공허한 침묵 속에서 스스로를 '아들'이라고 부름으로써 그분에 대한 이러한 깨달음을 불러일으키려 함은 쓸데없는 짓이다. 나는 나 자신의 아버지가 아니기 때문이다. 나 자신의 목소리가 스스로에게 외칠 때는 생기 없는 메아리만 불러일으킬 뿐이다. 나의 빛이신 그분이 어둠에서 나를 불러내시지 않으면 내 안에는 그 어떤 깨달음도 있을 수 없다. 생명인 그분만이 죽은 이들을 소생시킬 수 있다. 그분이 내 이름을 부르지 않으시면 나는 죽은 채로 있을 것이고, 나의 침묵은 죽음의 침묵일 뿐이다.

그분이 나의 이름을 부르시는 순가 나의 침묵은 무한한 생명의 침묵이 된다. 그리고 영원한 세월의 메아리 속에서 나의 마음이 아버지께로 향해 열렸기에 나는 내가 '존재함'을 안다.

나의 삶은 듣는 것이고 그분이 말씀하신다. 나의 구원은 듣고 대답하는 것이다. 이 때문에 나의 삶은 침묵이어야 한다. 그러므로 나의 침묵이 곧 나의 구원이다.

하느님을 기쁘게 해 드리는 희생은 내 영혼을 바치는

것과 다른 이들의 영혼을 바치는 것이다.

영혼이 온전히 그분께 향하고 있을 때 영혼은 그분께 봉헌된다. 나를 세상 만물로부터 떼어 놓는 나의 침묵은 만물을 하느님께 희생으로 바침이며, 내 영혼을 하느님께 봉헌함이다. 그러므로 나의 침묵은 하느님을 가장 기쁘게 해 드리는 희생이다. 이와 같은 침묵 속에 살도록 다른 이들을 가르칠 수 있다면, 나는 그분을 가장 기쁘게 하는 제물을 봉헌하고 있다고 말할 수 있다. 하느님을 앎이 번제보다 낫다(호세 6,6 참조).

내적인 침묵은 자비와 겸손 없이는 불가능하다.

'소명召命'과 '범주範疇'는 다르다. 소명을 성스러울 만큼 충실히 이행하거나 또는 이행하고 있는 이들은 바로 그 사실 때문에 설명되기 어렵다. 그들은 여러 범주로 나누어지지 않는다. 그들을 설명하기 위해 범주를 이용한다면 우리의 진술을 당장 제한해야 할 것이다. 마치 그들이 어떤 범주에 속하면서 동시에 그와는 전혀 다른 어떤 범주에도 속한 것처럼 말이다.

실상 그들은 어떤 범주에도 속해 있지 않으며, 그들은 독특하게 '그들 자신'이다. 따라서 그들은 사람들의 눈에 큰 사랑과 존경을 받을 가치가 없는 것처럼 보인다. 왜냐하면 그들의 독특함은 그들이 하느님께 크게 사랑받고 있으며, 그분만이 홀로 그들의 비밀을 알고 계시다는 징표이기 때문이다. 정녕 이 비밀은 너무나 소중한 것이어서 사람들의 눈에 드러나지 않는다.

성인들에 대해 이미 알고 있는 모든 것을 넘어서 우리가 존경하는 것은 이 비밀, 즉 하느님 안에 완전히 숨겨진 천진성과 정체성의 신비이다.

19. 죄의 고백과 지혜의 시작

"들을 만한 말을 다 들었을 테지만 '하느님 두려운 줄 알아 그의 분부를 지키라는 말 한마디만 결론으로 하고 싶다. 이것이 인생의 모든 것'이다."(공동 번역 성서 전도 12,13)

만물에 앞서 존재하는 하느님의 지혜를 누가 헤아려 보았는가? 하느님을 두려워함이 지혜의 성숙이며, 지혜의 열매를 보고 성숙의 정도를 알 수 있다. 주님을 두려워함은 평화와 구원의 열매를 충만하게 하는 지혜의 화관이다. 아들아, 지혜를 원한다면 정의를 지켜라. 그러면 하느님께서 네게 지혜를 주시리라(공동 번역 성서 집회 1,3-4.6.16.26 참조).

우리 존재의 가장 깊은 곳에는 우리에게 살아 존재하라고 명하시는 하느님이 계신다. 그러나 우리의 존재를 발견한다고 해서 그분을 발견할 수 있는 것은 아니다.

우리에게 '살라'고 명하실 때 그분은 일정한 방식으로 살 것을 분부하신다. 그분은 우리에게 어떤 식으로든지 살라고 명하실 뿐 아니라 잘 살라고, 궁극적으로는 그분 안에 삶으로써 완전해져야 한다고 명하신다.

그래서 우리 존재의 가장 깊은 곳에 그분은 삶의 법을 가르쳐 주는 양심의 빛을 두셨다. 삶이 하느님의 뜻인 이 법에 따르지 않는다면 그 삶은 삶이라 할 수 없다. '모든' 사람은 전적으로 이 빛에 따라 살아야 한다. 그래야 인간은 하느님 안에서, 하느님에 의해서 살 수 있기 때문이다.

이 법에 거스르는 행동으로 이 빛을 이끄는 것은 우리의 본성을 더럽히는 것이다. 그렇게 하면 우리는 자신에 대해 진실하지 못하게 되며 하느님을 거짓말쟁이로 만든다. 모든 죄가 그렇다. 죄는 하느님의 진리 대신에 허위를 섬기는 우상 숭배로 발전한다.

거짓된 양심은 거짓된 신이다. 이 신은 벙어리인 까닭에 아무 말도 하지 못하며, 힘이 없으므로 아무 일도 하지 못한다. 이 신은 하나의 가면이며, 우리는 이를 통하여 우리 자신에게 신탁神託을 전한다. 이 신탁은 우리 자신에게 거짓 예언을 하며, 우리가 듣기 원하는 대답을 우리 자신에게 전달한다.

"그들은 하느님의 진리를 거짓으로 바꾸어 버렸습니다."(로마 1,25)

주님을 두려워함이 지혜의 시작이다. 지혜는 가장 참된 진리를 아는 것이며, 우리 영혼의 정직성을 통해 깨달은 진리를 체험하는 것이다. 지혜는 우리 자신 안에 계시는 하느님과 하느님 안에 있는 우리를 안다.

지혜에 이르는 첫 단계인 두려움은 하느님과 우리 자신에게 진실하지 못할까 봐 두려워함이다. 우리가 자신에게 거짓말을 했을까 봐, 삶을 거짓된 신의 발치에 던졌을까 봐 두려워함이다.

그러나 모든 이가 죄인이므로 모든 이가 거짓말쟁이다. 우리는 모두 하느님께 불충실했다.

"그러나 기록되어 있듯이, 사람은 모두 거짓말쟁이지만 하느님은 진실하신 분이십니다."(로마 3,4)

그러므로 주님을 두려워함은 지혜의 시작인 동시에 '우리의 오른손에 붙잡고 있는 허위'를 인식함이다(이사 44,20 참조).

"우리가 죄 없다고 말한다면, 우리 자신을 속이는 것이고, 우리 안에는 진리가 없는 것입니다…. 우리가 죄를 짓지 않았다고 말한다면, 우리는 그분을 거짓말쟁이로 만드는 것이고, 그분의 말씀이 우리 안에 없는 것입니다."
(1요한 1,8.10)

그러므로 지혜의 시작은 죄의 고백이다. 이 고백은 우리에게 하느님의 자비를 가져다주고 그분, 곧 진리의 빛이 우리 양심 안에서 빛나게 해 준다. 이 빛이 없으면 우리는 죄를 피할 수 없는 것이다. 죄의 고백은 우리 영혼 안에 그분의 강력한 은총을 가져다주어 의지의 행위를 지성 안의 진리와 결합시킨다.

삶의 문제에 대한 해결은 삶 자체를 통해서 이루어진다. 삶은 추론과 분석에 의해서가 아니라 무엇보다 삶에 의해 실현된다. 우리가 살고 있지 않다면 신중함은 무엇을 위한 것인지를 모를 것이다. 그리고 우리가 실패를 모른다면 성공을 성취할 방법을 모를 것이다.

2부

고독에 대한 사랑

1. 고독의 잠재성과 실재성

고독을 사랑하고 추구한다는 것은 지리적地理的 장소를 이리저리 끊임없이 찾아다니는 것을 의미하지는 않는다. 어떤 사람이 어떠한 외부적 환경에 처해 있건 간에 갑자기 그 자신의 불가침의 고독을 인식하고, 항상 고독할 수밖에 없으리라는 것을 깨닫는 바로 그 순간에 고독해지는 것이다. 그 순간부터 고독은 잠재적인 것이 아니라 실제적인 것이 된다.

그러나 실제적인 고독은 항상 우리를 '완전한 고독'이라는, 실현되지 못하고 실현될 수도 없는 하나의 가능성과 맞닥뜨리게 한다. 그러나 이것을 올바르게 이해해야 한다. 왜냐하면 우리가 지나치게 염려한 나머지 우리의 힘이 늘 미치지 않는 곳에 있는 듯이 보이는, 좀 더 완전한 외적 고독이라는 물리적 가능성을 실현하려고 애쓴다면 우리가 이미 지니고 있던 고독의 현실성마저 잃어버리기 때문이다.

사실 좀 더 완전한 외적 고독이란 항상 도달할 수 없는 것처럼 보이게 마련이다. 실제적 고독의 구성 요소 중 하나는 실현되지 못하는 가능성과 정면으로 부딪치는 데서 오는 불만과 불확실성이다. 하나의 엄청난 실체 앞에서 우리를 안정시켜 주는 것은 여러 가지 가능성을 미친 듯이 추구함이 아니라 겸손한 복종이다. 이 실체는 어떤 의미에서는 우리가 이미 소유하고 있는 것이고, 또 어떤 의미에서는 하나의 '가능성', 즉 희망의 대상이다.

고독한 수도자가 죽어서 천국에 갔을 때에야 비로소 그는 이 가능성이 그의 삶 속에서 이미 실현되었으며, 자신이 그것을 알지 못했었다는 사실을 명확히 깨닫게 될 것이다. 그의 고독은 무엇보다도 하느님을, 오직 하느님만을 소유할 수 있는 '가능성'에 대한 순수한 희망이었기 때문이다.

2. 늘 나와 함께하시는 하느님

 나의 주 하느님, 내가 어디로 가고 있는지 나는 모릅니다. 내 앞에 펼쳐진 길을 보지 못합니다. 그 길이 어디서 끝날지도 확실히 모릅니다. 나 자신마저 진실로 알지 못합니다. 당신의 뜻을 따르고 있다고 생각한다고 해서 내가 실제로 그렇게 하고 있는 것은 아닙니다. 그러나 당신을 기쁘게 해 드리려는 갈망이 실제로 당신을 무척 기쁘게 해 드린다는 것을 믿습니다.

 내가 하는 모든 일 안에서 그러한 갈망을 지니기 바랍니다. 그 갈망에서 우러나온 일이 아니면 그 무엇도 하지 않기를 원합니다. 이렇게 하면 당신이 나를 바른길로 이끌어 주실 것을 압니다. 내가 바른길에 대해 아무것도 몰라도 말입니다.

그러므로 내가 길을 잃고 죽음의 그늘에서 헤매는 것처럼 보일지라도 나는 언제나 당신을 신뢰합니다. 두려워하지도 않을 것입니다. 왜냐하면 당신은 언제나 나와 함께 계시고, 나 혼자 위험을 직면하도록 나를 내버려 두지 않으실 것을 믿기 때문입니다.

3. 침묵과 언어

우리 시대에는 모든 것이 하나의 '문제'가 되어야 한다. 우리가 그렇게 되기를 원했기 때문에 우리 시대는 불안의 시대가 되었다. 우리의 불안은 외부에서 강요된 것이 아니다. 우리 자신의 내부에서 이 불안을 우리의 세계에, 또 서로에게 강요한 것이다.

그러한 시대에 성스러움이란 틀림없이 불안이 있는 지역에서 불안이 없는 지역으로 떠나감을 의미할 것이다. 아니면 성스러움이란 불안의 한가운데서 불안 없이 존재하는 법을 하느님께 배우는 것을 의미할지도 모른다.

막스 피카르가 지적했듯이 성스러움이란 근본적으로 다음과 같은 것일지도 모른다. 즉 성스러운 삶이란 우리 내부의 모순들을 화해시켜서 그 모순들이 우리 내부에 남아 있으면서도 문제를 일으키지 않게 만드는데, 이 성화聖化는 침묵 속에서의 삶을 의미한다(「침묵의 세계」 66-67쪽 참조).

모순은 인간의 영혼 안에 항상 존재해 왔다. 그러나 모순이 끊임없이 해결 불가능한 문제가 되는 것은 침묵하기보다 오히려 분석하려 하기 때문이다.

우리는 모든 모순을 해결하려고 하지 않으며, 모순을 안고 살고 모순을 초월해서 비교함으로써 모순을 사소하게 느끼도록 만드는 외적이며 객관적인 가치에 비추어서 모순을 바라본다.

이렇게 볼 때 침묵은 성화의 본질에 속한다. 성인들이 지닌 힘은 다름 아닌 침묵과 희망 속에서 다져진다(이사 30,15 참조).

고독이 하나의 문제가 되었을 때 나는 고독하지 않은 상태였다. 그런데 고독이 더 이상 문제되지 않았을 때 내가 이미 고독을 소유하고 있음을 알았고, 그전에도 그것을 소유할 수 있었음을 알게 되었다. 그렇지만 내면을 향하려는 노력의 결과인 주관적이고 내적인 고독으로는 충분치 않음을 나는 결국 알고 있었으므로 고독은 여전히 문제였다.

고독은 객관적이고 구체적이어야 한다. 고독이 주는 깊은 평화 안에서 하느님을 찾을 수 있으려면 고독은 세상보다 더 위대한 그 무엇, 존재 자체만큼 위대한 그 무엇과의 친교를 이루어야 한다.

우리는 자신과 사물 사이에 언어를 개재介在시킨다. 이제는 더 이상 현실과 친교 방법이 되지 못하는 언어라는 모호한 영역에서는 하느님조차도 하나의 비현실적 개념에 불과하다.

고독한 생활은 침묵의 생활이므로 인간이 그의 지성과 사물 사이에 만들어 놓은 언어의 연막煙幕을 흩어 버린다. 고독 속에서 우리는 사물의 적나라한 존재와 정면으로 맞닥뜨린다. 그때 우리는 두려워한 적나라한 실재實在가 두려워할 것도 부끄러워할 것도 아님을 알게 된다.

실재는 침묵과 다정한 친교로 감싸여 있고, 이 침묵은 사랑과 연결되어 있다. 침묵 속에서는, 우리의 언어가 분류하고 통제하며 심지어는 경멸하려—언어가 세계를 담을 수 없었기에 때문에—노력해 온 이 세상이 우리에게

밀착되어 온다. 언어는 실재를 모독했지만, 침묵은 우리에게 실재를 존중하면 실재를 알 수 있다고 가르쳐 주기 때문이다.

우리 주위의 실재와 오랫동안 함께 살아가면서 경의를 표한다면 진리의 어머니인 침묵은 실재에 대해 몇 마디 훌륭한 표현을 할 수 있도록 우리에게 가르쳐 줄 것이다.

침묵과 침묵 사이에, 즉 사물의 침묵과 우리 존재의 침묵 사이에 말이 놓여 있다. 우리가 침묵 속에서 세상을 만나 알게 된다면, 말은 세상으로부터, 다른 이들로부터, 하느님으로부터, 우리 자신으로부터 떼어 놓지 못한다. 왜냐하면 실상 우리는 실재를 담기 위해 전적으로 언어를 신뢰하지 않기 때문이다.

진리는 존재의 침묵에서 솟아나서 말씀의 고요하고도 두려운 현존에 이른다. 그다음에 다시 침묵 속으로 가라앉을 때 언어 속에 포함된 진리는 우리를 하느님의 침묵 속으로 이끌어 내린다.

아니, 오히려 하느님께서는 파도 속의 보석처럼 바다에서 솟아올라, 언어가 썰물처럼 밀려 나갈 때면 그분의 광휘가 우리 존재의 해변에 남아 빛난다.

4. 참된 소명을 따라

어떤 사람이 어떻게 살 것인가에 대해 생각하기를 그치고 정말로 살기 시작할 때, 그는 자신의 소명을 발견했음을 알게 된다. 이처럼 어떤 사람이 고독한 삶으로 부름을 받았다면, 그 사람은 어떻게 살 것인가를 생각하길 그치고 고독할 때에 비로소 평화롭게 살아갈 수 있다. 그러나 어떤 이가 고독한 삶으로 부름을 받지 않았다면, 그 사람은 혼자 있으면 있을수록 삶에 대해 너 많이 걱정하며 사는 방법까지도 잊어버린다.

우리가 참된 소명에 따라 살지 않을 때는 사고思考가 우리의 삶을 마비시키거나 대신하며 아니면 삶에 사고가 굴복한다. 그 결과 우리의 삶은 사고를 함몰시켜 양심의 소리를 질식시키기도 한다. 우리가 자신의 소명을 발견할 때 비로소 사고와 삶은 하나가 된다.

 어떤 이가 그의 참된 소명이 흠잡을 데 없다고 생각한다고 가정하자. 그러면 모든 것이 조화롭고 질서 있고 평화로울 것이다. 일이 기도에 방해가 되거나 기도가 일에 방해가 되지도 않을 것이다. 관상이 주변에서 일어나는 일상사에서 그를 격리시키는 특별한 '상태'가 되어야 할 필요도 없을 것이다. 그때 하느님께서는 모든 것을 꿰뚫어 보시기 때문이다. 그때는 그분 외에는 그 누구에게도 자신을 설명할 생각을 하지 않을 것이다.

5. 침묵 속의 하느님

　하느님의 침묵을 우리 자신 안뿐 아니라 다른 사람들 안에서도 발견해야 한다. 다른 누군가가 하느님으로부터 솟아나오는 그러한 언어로 우리에게 말을 걸지 않는다면, 우리 영혼의 하느님의 침묵과 교류하지 않는다면, 하느님께서 오히려 뒷전으로 물러나시게 되는 우리 자신의 침묵 안에 고립된 채 존재할 것이다.

　그런데 하느님은 우리 자신만의 침묵에서는 떠나실 때가 많다. 왜냐하면 내적인 침묵은 끊임없이 모색하고, 어두운 밤에 끊임없이 외치며, 심연 위로 몸을 거듭거듭 굽혀야만 얻을 수 있기 때문이다.

　우리가 영원히 지닐 침묵을 찾아냈다고 생각하고 거기에 집착한다면 우리는 하느님을 찾는 것을 중단한 것이며, 침묵도 우리 안에서 사그라져 버린다. 침묵 속에서 하느님을 찾지 않는다면 그 침묵은 그분에 대해서 우리에게 얘기해 주지 않는다. 침묵 속에 그분이 안 계시는 것처럼 보이지 않는다면 그 침묵은 그분의 지속적인 현존을 방해할 위험이 있다. 그분은 찾을 때에만 발견되고 찾지 않을 때에는 우리에게서 빠져 나가시기 때문이다.

우리가 그분의 목소리를 듣기 바랄 때에만 그분의 음성을 들을 수 있으며, 우리의 희망이 이루어졌다고 생각하고 더 이상 귀 기울이지 않으면 그분은 말씀을 그치신다. 우리가 비록 소란한 감정의 반향으로 그 침묵을 다시 채운다 해도 그분의 침묵은 활기찬 것이 아니라 무기력한 것이 된다.

6. 교만한 침묵과 겸손한 침묵

"주님, 제 마음은 오만하지 않고 제 눈은 높지 않습니다."(시편 131,1)

교만과 겸손은 둘 다 내적인 침묵을 찾는다. 교만은 조작된 부동성不動性으로 하느님의 침묵을 흉내 내려고 한다. 그러나 하느님의 침묵은 순수한 생명의 완성인 반면 교만의 침묵은 죽음의 침묵이다.

겸손은 무기력이 아니라 질서 정연한 활동 안에서 짐묵을 찾는다. 하느님 앞에서 우리의 가난과 무력함을 인정하는 활동 안에서 찾는다. 겸손은 기도에 의지하며 말을 통해 침묵을 발견한다. 그러나 우리는 자연스럽게 말에서 침묵으로 들어가고, 다시 침묵에서 말로 나아가게 되므로 만물 안에서 겸손은 침묵한다. 겸손이 말할 때조차도 겸손은 또한 귀를 기울인다. 겸손의 언어는 너무나 단순하고 너무나 상냥하고 너무나 빈약한 까닭에 애쓰지 않아도 저절로 하느님의 침묵으로 나아간다.

사실 그 언어는 그분의 침묵의 메아리이며, 그 언어가 입 밖에 나오자마자 그분의 침묵이 거기에 이미 현존한다.

교만은 자기 안에 이미 만들어 놓은 것을 잃어버릴까 봐 자기 밖으로 나가기를 두려워한다. 그러므로 교만의 침묵은 사랑의 행동으로부터 위협받는다. 그러나 겸손은 자기 안에서 아무것도 발견하지 못하므로—겸손은 바로 겸손이 가진 침묵을 의미하기 때문에—하느님에 대한 사랑에서 다른 이들의 말에 귀를 기울이기 위해서나 그들에게 말을 걸기 위해 자기 밖으로 나간다고 해도 본래의 평화와 침묵이 줄어들지 않는다.

만물 안에서 겸손은 침묵하고 휴식한다. 겸손이 수반하는 수고조차도 휴식이다. 모든 일에 있어서 침묵이 요구된다.

우리의 침묵을 깨뜨리는 것은 말이 아니라 자기의 말을 남이 들어 주기를 바라는 조바심이다. 오만한 사람의 말은 다른 모든 이들을 침묵시키고 그들이 그 말에만 귀

기울이도록 강요한다.

겸손한 사람은 다른 이가 자기에게 말을 걸도록 하기 위해서만 말을 한다. 겸손한 사람은 적선 외에는 아무것도 청하지 않는다. 그러고는 기다리며 귀 기울인다.

침묵은 궁극적으로 우리가 살아온 삶의 목적 전부를 말로 요약하기 위하여 존재한다. 우리는 신앙을 통해서 그분의 말씀을 듣고 그리스도를 받아들인다. 우리는 침묵과 희망 안에서 우리의 구원을 위해 노력한다. 그러나 조만간 우리가 공개적으로 사람들 앞에서, 나아가 하늘과 땅의 모든 존재 앞에서 그분을 믿는다고 고백해야 할 때가 온다.

쓸데없는 말로 우리의 삶을 다 낭비해 버린다면 우리는 그 무엇도 듣지 못하고 그 무엇도 되지 못할 것이다. 종국에 가서는 할 말이 생기기도 전에 보는 셋을 나 밀해 버렸기 때문에 가장 중요한 결단의 순간에 가서는 말을 할 수 없게 될 것이다.

그러나 침묵은 그 마지막 말을 위해 존재한다. 침묵은 그 자체가 목적이 아니다. 우리의 삶 전부는 우리의 마지막 결단—유일하게 중요한 결단—에 관한 묵상이다.

그리고 우리는 침묵 속에서 묵상한다. 하지만 또 어느 정도까지는 다른 이들에게 말하고, 다른 이들이 그들 스스로의 결단을 내리도록 도와주며, 그들에게 그리스도를 가르쳐야 한다.

그들에게 그리스도를 가르치는 우리의 언어가 다시 새로운 침묵, 부활의 침묵을 가르친다. 그 침묵 안에서 그들은 이미 들은 것을 역시 말할 수 있도록 형성되고 준비된다.

"'내가 모진 괴로움을 당하는구나.' 되뇌면서도 나는 믿었네."(시편 116,10)

7. 침묵과 가난과 고독

　내가 침묵에 의해 해방될 때, 더 이상 삶을 요리조리 재지 않고 실제로 살아갈 때 나는 실제로 산만해지지 않는 기도 형태를 발견할 수 있다. 나의 온 삶이 기도가 된다. 나의 온 침묵이 기도로 가득 차게 된다. 그리고 내가 잠겨 있는 침묵의 세계가 나의 기도를 도와준다.

　고독 안에서 활동하는 가난이 이루어 놓은 일치는 영혼의 모든 상처를 끌어모아 봉합한다. 우리가 가난한 상태로 남아 있는 한, 우리 자신을 비우고 하느님 외에는 그 무엇에도 관심을 두지 않는 한 우리는 산만해질 수가 없다. 다름 아닌 우리의 가난이 '산만해지는 것'을 막아주기 때문이다.

　네 안에 있는 빛이 어둠이라면….

나의 '가난'이 영적인 풍요함에 대한 은밀한 갈망이라 치자. 나 자신을 비우고 침묵하는 척하면서 내가 실제로는 하느님을 구슬려서 어떤 체험으로 나를 풍요롭게 해 주시기를 바란다고 치자. 그렇다면 어떻게 될 것인가? 그때는 모든 것이 우리를 산만하게 만든다. 모든 피조물이 내가 어떤 특별한 체험을 추구하는 일을 방해한다. 나는 그들을 쫓아내야 한다. 아니면 그들이 나를 갈가리 찢을 것이다. 엎친 데 덮친 격으로 나 자신이 나를 산만하게 한다.

그러나 가장 불행한 일은 이것이다. 즉, 나의 기도가 나 자신에게 집중되어 있다면, 기도가 다만 나 자신의 풍요로움만을 추구한다면 나의 기도 자체가 나를 가장 산만하게 할 수도 있다는 점이다. 나 자신의 호기심으로 가득 차서 지식 나무의 열매를 따먹고 나 자신과 하느님에게서 스스로 떨어져 나간 것이다. 나는 풍요롭지만 혼자 남겨졌고, 그 무엇도 나의 욕망을 누그러뜨릴 수 없다. 내가 손을 대는 모든 것이 나를 산만하게 한다.

그렇다면 내가 손을 대는 모든 것이 기도로 변하는 침묵의 선물과 가난과 고독을 추구해야겠다. 침묵과 가난과 고독 속에서는 하느님이 전부시기에 하늘도 나의 기도요, 새들도 나의 기도요, 나무들 사이로 부는 바람도 나의 기도이다. 하느님께서는 모든 것 안에 모든 것이기 때문이다.

그렇게 되기 위해서는 나는 정말로 가난해야 한다. 아무것도 찾지 말아야 한다. 하지만 하느님께서 내게 주신 것이라면 무엇이나 지극히 만족해야 한다. 참된 가난은 누구에게서나, 그러나 특히 하느님에게서 기쁘게 적선받는 거지의 가난이다. 거짓된 가난은 천사라도 된 양 크나큰 자부심을 가지고 있는 사람의 가난이다. 참된 가난은 감사를 주고받는 것, 우리가 쓸 필요가 있는 것만을 지니고 있는 것이다. 거짓된 가난은 아무런 필요도 없는 척하고 청하지도 않는 척하면서 모든 것을 구하려고 애쓰고, 그 무엇에 대해서도 전혀 감사하지 않는 태도이다.

8. 매 순간 찾아오시는 하느님

"그러므로 사람들이 너희에게 '보라, 광야에 계시다.' 하더라도 나가지 마라. '보라, 골방에 계시다.' 하더라도 믿지 마라. 동쪽에서 친 번개가 서쪽까지 비추듯 사람의 아들의 재림도 그러할 것이다."(마태 24,26-27)

그 누구도 시간의 종말에 예기치 않게 나디니실 그리스도께서 오실 시간을 짐작하지 못하지만, 그리스도는 그 자신에게 속한 이들에게 매 순간 찾아오신다. 그들 또한 그의 오심(재림)을 보거나 짐작하지 못한다. 그러나 그분이 계신 곳에 그들도 있다. 그들은 어떻게 모이는지도 모르게 독수리 떼처럼 본능적으로 모인다. 그래서 그들은 매 순간 그분을 발견한다.

세상의 종말에 그분이 언제 어디서 나타나실지 명확히

말할 수 없는 것과 마찬가지로 관상적인 영혼들에게 그분이 언제 어디서 당신 자신을 드러내실지도 명확히 말할 수 없다.

사막에서 그분을 찾았지만 그곳에서 그분을 발견하지 못한 이들도 많고, 그분과 함께 은둔했지만 그분께 거부당한 이들도 많다. 그분을 붙잡는 일은 번개를 만나는 일만큼 어렵다. 번개처럼 그분은 당신이 원하시는 곳을 내려치신다.

진실로 관상적인 모든 영혼은 하나의 공통점을 지니고 있다. 그것은 그들이 사막에 그들끼리 모인다는 점도 아니고 은둔하여 세상과 담을 쌓는다는 점도 아니다. 그 공통점은 그분이 계신 곳에 그들도 있다는 것이다.

그러면 그들은 어떻게 그분을 발견하는가? 기술로? 그분을 발견하는 데는 기술이 필요 없다. 그들은 '그분의 뜻'에 의해 그분을 발견한다. 내적으로는 그들에게 은총을 내려 주고 외적으로는 그들의 삶을 마련해 주는 그분의 뜻은 그들을 그분이 계신 장소로 틀림없이 데려다 준다. 그곳에 도달해도 그들은 어떻게 자기들이 그곳에 도달했는지, 자기들이 정말로 무엇을 하고 있는지 알지 못한다.

　어떤 사람이 정말로 하느님과 단둘이 있고 싶어 한다면 바로 그 순간 그는 하느님과 단둘이 있게 된다. 그가 어디에 있든지, 시골에 있든지, 수도원이나 숲속이나 도시에 있든지 상관없으며, 그런 것은 문제가 되지 않는다.

　번개는 동서로 번쩍거리면서 온 지평선을 비추며 원하는 곳을 내려친다. 마찬가지로 하느님의 무한한 자유가 그 사람의 영혼 가장 깊은 곳을 비추면 그는 깨달음을 얻는다. 그 순간 그는 자기가 여정旅程의 중간쯤 와 있는 듯 느끼지만 이미 끝에 도달했음을 이해한다. 왜냐하면 지상에서 은총의 삶은 영광스러운 삶의 시작이기 때문이다. 비록 그는 시간 속의 여행자이지만 한순간 그는 영원 속에서 눈을 떴던 것이다.

9. 침묵의 새로운 발견

　무한하신 그분 안에서 살며 그 무한함을 기뻐하는 것이, 우리 마음의 좁은 공간 속으로 그분의 무한성을 밀어 넣으려고 부단히 애쓰는 것보다 더 위대한 일이고 더 나은 기도이다.

　그분이 나보다 무한히 더 위대하심을 알기에 그분이 당신 자신을 나에게 보여 주시지 않으면 그분을 알 수 없다. 이 사실을 알고 만족한다면 나는 평화를 얻을 것이고, 그분은 내 가까이, 내 안에 계실 것이며, 나는 그분 안에서 쉴 것이다.

　그러나 나 자신을 위하여 그분을 알고 그분을 누리기를 갈망한다면 나는 월권하여 나를 피하시는 그분을 모독하는 것이다. 그러면 나 자신의 감정도 상하게 하며,

그분이 가버리셨음을 알고 슬프고 불안한 가운데 나 자신에게 의존하게 된다.

모든 침묵의 순간이 다 같기는 하지만 참된 기도 안에서는 매 순간이 새로운 침묵의 새로운 발견이며 매 순간이 영원으로 통한다. 그 영원 안에서는 만물이 항상 새롭기만 하다. 지금 여기에 구체적으로 존재하는 우리의 심오한 실재를 우리는 새로이 발견하여 알게 된다. 그리고 그 실재의 깊은 곳에서 우리는 아버지로부터 빛, 진리, 지혜, 평화를 받는다. 이것들은 하느님의 모습대로 창조된 우리 영혼 안에 투영된 그분의 영상映像이다.

10. 그 큰 사랑 내 안에

내가 어디에 있든지 나의 주님, 당신을 사랑하고 찬미함이 나의 유일한 위안이게 하소서.

나무들은 당신을 알지 못하면서도 진실로 당신을 사랑합니다. 참나리와 수레국화도 당신의 현존을 인식하지 못하면서 당신을 사랑한다고 선언하고 있습니다. 아름다운 검은 구름도 당신에 대해 명상하면서 천천히 하늘을 가로질러 흘러갑니다. 마치 놀면서 자기늘이 부엇을 꿈꾸고 있는지를 알지 못하는 아이들처럼 말입니다.

그러나 그들 모두의 한가운데서 나는 당신을 알고 당신의 현존에 대해서도 압니다. 나는 그들과 내 안에 당신 사랑이 있음을 알지만 그들은 모릅니다. 더욱이 내 안의 나는 당신 사랑의 현존을 보고 어쩔 줄 몰라 합니다. 오,

당신이 먼저 그 사랑을 내게 주셨고, 또 당신이 나를 사랑하시지 않았다면 결코 내 가슴속에 있을 수 없을 친절하고도 강렬한 사랑이여! 당신의 마음을 한 번도 상하게 해 드린 적이 없는 이 존재들 가운데 나는 당신께 사랑받고 있습니다. 무엇보다도 당신의 마음을 상하게 해 드린 나인데도 말입니다. 당신께서는 하늘 아래 존재하는 나를 보시면서도 나의 무례한 행위를 잊으셨습니다. 그러나 나는 그것을 잊지 않았습니다.

나는 한 가지만 청합니다. 무례함에 대한 나의 기억 때문에 사랑의 선물을 가슴속에 받아들이기를 두려워하지 않기를 청합니다. 그 사랑은 당신께서 나에게 불어넣어 주신 것이기에, 내가 무가치하기에 그 사랑을 받겠습니다. 그렇게 할 때 나는 오직 당신을 더욱더 사랑할 것이며, 당신의 자비를 한층 더 찬미할 것입니다.

내가 죄인이었음을 기억하고 있지만, 나는 당신을 사랑할 것입니다. 나의 사랑은 나 자신의 것이기보다는 오히려 당신의 것이기에 그것이 소중함을 알고 있기 때문입니다. 나의 사랑은 당신의 아드님에게서 나오기에 당신께 소중한 것이며, 그 사랑은 나를 당신의 아들로 만들어 주는 까닭에 더욱더 당신께 소중합니다.

11. 고독한 삶의 소명

고독한 삶으로 불림받는다는 것은 숲과 산, 바다, 사막의 광활한 풍경의 침묵에 자신을 넘겨주고 건네줌으로 완전히 자신을 맡기는 것이다. 태양이 대지 위로 떠올라 그곳의 침묵을 빛으로 가득 채우는 동안 말없이 앉아 있음이다. 아침에는 기도하고 일하며, 낮에는 노동하고 휴식하고, 밤이면 다시금 묵상 중에 고요히 앉아 있음이다. 밤이 대지 위에 내려오면 어둠과 별들이 침묵을 가득 채운다. 이것은 참되고 특별한 불림이다. 기꺼이 그러한 침묵에 완전히 속하고자 하고, 이 침묵이 뼛속까지 스며들게 하며, 침묵 외에는 아무것도 호흡하지 않고 침묵을 먹고살며, 그 삶의 본질을 살아 깨어 있는 침묵으로 변화시키려는 이는 거의 없다.

순교자는 죽음으로 증명될 수 있을 만큼 강력한 결단을 내린 사람이다. 은수자隱修者는 광야로, 다시 말하면 죽음으로 증명될 수 있을 만큼 강력한 결단을 내린 사람이다. 왜냐하면 광야는 불확실성과 위험과 굴욕과 공포로 가득 차 있어서 은수자는 하루 종일 죽음과 마주 보며 살고 있기 때문이다. 그러므로 은수자는 순교자의 동생임이 명백하다. 그리스도 안에서 순교자와 은수자를 가르는 결정을 내리는 분은 성령이시다.

순교의 불림은 카리스마적이고 특별한 것이다. 어떤 의미에서는 고독으로의 불림도 그러하다. 인간의 계획에 따라 순교자가 되지도 않고 자신의 계획에 따라서 은수자가 되지도 않는다. 고독에 대한 갈망이 효과를 거두려면 그 갈망이 초자연적인 것이어야 한다. 그것이 초자연적이라면 그것은 우리 자신의 여러 가지 계획과 갈망에 상충될 가능성이 높다.

참으로 우리는 앞을 내다보며 광야로 이끄는 그 길을 예견하고 갈망해야 한다. 하지만 결국 은수자는 인간이 아니라 하느님이 정하신다.

우리가 공동체 안에서 살도록 불림을 받았건 고독하게

살도록 불림을 받았건 간에 우리의 소명은 사도들과 예언자들이 닦아 놓은 토대와 그리스도이신 모퉁이의 머릿돌에 근거를 두는 것이다.

다시 말하면 우리는 그분의 권능의 신비를 우리 안에서 실현하도록 불림을 받았다. 정녕 이 권능은 그분을 죽인 이들 가운데서 살리시고 우리를 땅끝에서 불러내시어 그분 안에 살면서 아버지께로 나아가도록 부르셨다. 우리의 소명이 무엇이든 우리는 하느님 자비의 증인이 되고 종이 되도록 불린 것이다.

그리스도교의 은수자는 단순히 특별하고 고양된 영적 체험을 얻기 위한 분위기나 환경을 조성하기 위해 고독을 찾지는 않는다. 또 자기가 원하는 어떤 것, 즉 관상을 얻기 위한 유리한 방법으로 고독을 찾지도 않는다. 그는 자신을 온전히 하느님께 봉헌하기 위한 방법으로 고독을 찾는다. 그의 고독은 무언가를 얻기 위한 방법이 아니라 그 자신을 봉헌하는 행위이다. 그런 경우 그 고독은 나쁜 의미의 '이 세상'을 포기하고 경멸함을 의미할 수도 있다. 그러나 그것은 결코 그리스도교 공동체를 포기함은 아니다.

사실 은수자는 공동체의 눈에 보이는 대부분의 활동

이 자신에게 부적합함을 확신했기에 고독을 택할 수도 있다. 또한 그 자신의 역할이 공동체의 영적인 지하실에서 어떤 숨겨진 기능을 수행하는 것이라고 확신했기에 택한 방법일 수도 있는 것이다.

12. 기도와 감사인 은수자의 삶

고독한 삶은 기도의 삶이다.

우리는 기도하기 위해 기도하는 것이 아니라 하느님께서 들어주시기를 바라며 기도한다. 우리는 자신의 기도를 듣기 위해 기도하는 것이 아니라 하느님께서 들으시고 응답해 주시기를 바라며 기도한다. 또한 우리는 아무 응답이라도 듣기 위해 기도하는 것이 아니다. 응답은 하느님의 것이어야만 한다.

그러므로 은수자는 항상 기도하고 있는 사람, 항상 하느님께 집중하고 있는 사람, 하느님께 드리는 그 자신의 기도가 순수하지 못할까 봐 걱정하고 그 자신의 응답을 하느님의 응답으로 착각하지 않으려고 조심하는 사람, 기도 자체를 목적으로 하지 않으려고 조심하고 기도를 은밀하고 단순하고 깨끗하게 만들려고 조심하는 사람이다.

그렇게 할 때 그는 자신의 '완성'이 자신의 기도에 달려 있음을 너그럽게도 잊을 수 있다. 그는 자기를 잊고 하느님의 응답을 기다리며 살아갈 수 있다.

이러한 생각은 기도의 삶이 청원 기도에 근거하고 있음을 잊는다면 이해되기 어려운 듯이 여겨진다. 청원 기도가 나중에 다른 기도로 발전할 수도 있지만 그것은 다음 문제이다.

청원은 고독한 기도자의 순수성을 망치기는커녕 그 순수성을 지켜 주고 보호한다. 은수자는 다른 누구보다도 더 많이 하느님 앞에서 자신이 가난하고 궁핍함을 항상 인식하고 있다. 물질적이거나 영적인 모든 것을 얻기 위해 바로 하느님께 의지해야 하므로 모든 것을 청하지 않을 수 없다. 그의 기도는 가난의 표현이다. 그의 청원은 마치 모든 일에서 하느님을 필요로 하지 않는 듯이 단순히 형식에 그치는 말이나 인간의 관습에 따른 행위가 될 수 없다.

은수자는 기도하는 사람이므로 기도가 '항상 응답됨'을 알게 될 때 하느님을 알게 될 것이다. 그때부터 하느님께서 원하신다면 그는 관상으로 나아갈 수 있다.

감사는 그리스도교적 생활의 핵심이므로 그것은 또한 고독한 삶의 핵심이기도 하다. 고독에 잠긴 첫날부터 은수자는 하느님 앞에서 눈물과 갈망으로 그의 온 존재를 괴롭히는 방법을 알려고 애써야 한다. 그러면 그는 천사로부터 하느님의 응답을 받은 다니엘처럼 될 것이다.

"다니엘아, 두려워하지 마라. 네가 깨달음을 얻고 너의 하느님 앞에서 극기하기로 결심한 첫날부터 하느님께서는 너의 말을 들으셨다."(다니 10,12)

기도의 본질
① 일편단심의 망설임 없는 믿음(마태 21,21; 야고 1,6)
② 끈기 있는 확신(루카 11장)

13. 광야의 삶

고독한 관상 생활은 자신 안에서 다음과 같은 그리스도의 말씀을 따르고 실현하는 것이라고 생각한다.

아들은 아버지께서 하시는 일을 보고 그대로 할 뿐이지 무슨 일이나 마음대로 할 수는 없다. 아버지께서 하시는 일을 아들도 할 따름이다. 아버지께서는 아들을 사랑하셔서 친히 하시는 일을 모두 아들에게 보여 주신다.

그리스도의 말씀을 따른다는 것은 그리스노와 성부의 관계와 같은 관계를 우리도 그리스도와 맺고 그에 합당하게 행동하는 것이다.

"내 말을 듣고 나를 보내신 분을 믿는 이는 영원한 생명을 얻습니다."(요한 5,24)

"아버지의 말씀을 듣고 배운 사람은 누구나 나에게 옵

니다."(요한 6,45)

우리는 고독 속에서 성부의 말씀을 가장 잘 들을 수 있다. 예수께서는 고독 속에 주어지는 생명의 빵이다.

"살아 계신 아버지께서 나를 보내셨고 내가 아버지로 말미암아 사는 것과 같이, 나를 먹는 사람도 나로 말미암아 살 것입니다."(요한 6,57)

그러므로 고독한 삶은 성부에 의해 광야로 이끌려 가서 그곳에서 예수님 외에는 어떤 영적 양식도 없이 살아가는 이의 삶이다. 성부께서는 예수 안에서 당신 자신을 우리에게 주시고 당신 자신의 다함없는 생명으로 우리를 기르시기 때문이다. 그러므로 고독한 삶은 끊임없는 친교親交와 감사의 삶이어야만 한다. 그 안에서 우리는 깊이 하느님 안에서 일어나는 모든 일을 믿음으로 바라보며, 그 밖의 어떤 삶이나 영적 자양滋養에 대한 기호嗜好도 다 잃어버린다.

고독한 삶은 시편 저자가 표현한 바와 같은 자아 포기를 통하여 위에 언급된 주제를 성취한다고 생각한다.

"나는 가련하고 불쌍하지만 주님께서 나를 생각해 주십니다."(시편 39,18)

우리는 성부의 이 자비로운 친절에 항상 의지하며 살아간다. 따라서 우리의 온 삶은 감사의 삶이며, 이 삶은 순간마다 우리에게 주어지는 그분의 도움에 대한 끊임없는 응답이다. 어떤 소명을 받았다 해도 그 소명이 참된 소명이기만 하면 모든 이가 이것을 알게 되리라고 생각한다.

고독한 삶은 우리의 근심을 주님께 던져 버리고 그분에게서 오는 도움에만 기뻐하는 삶이다. 그분이 하시는 일은 무엇이나 우리의 기쁨이다. 우리는 감사를 드림으로써 그분이 선하심을 우리 안에 재현再現한다. 달리 표현하면 우리의 감사가 그분의 자비의 반영이다. 감사는 우리를 그분과 닮게 해 준다.

참으로 고독한 삶은 사회생활을 하는 과정에서 때때로 누릴 수 있는 부분적 고독과 전혀 다른 본질을 지닌다. 우리가 때때로 고독을 얻을 때 다른 가치와 대조함으로써 고독의 가치를 맛본다. 우리가 정말로 홀로 살 때에는 대조의 대상이 없다.

우리는 삶을 고정固定시키기 위해, 모든 것을 끌어내려서 어떤 내적인 체험에 집중시키기 위해 고독 속으로 들어가서는 안 된다.

고독이 일상적 생활과 교대될 때 고독은 한 번의 멈춤, 한순간의 정지, 한 번의 집중적 성격을 띨 수도 있다. 고독이 어쩌다가 일어나는 일이 아니라 하나의 지속적인 전체가 될 때 우리는 집중이나 영적인 정적靜寂의 느낌을 완전히 버릴 수 있다. 그때에만 우리의 온 삶이 하나의 흐름이 되어 매일 하느님을 만나고 침묵 안으로 들어갈 수 있으며, 조용하고 지속적인 행동으로 구원을 이룰 수 있다.

고독 속에서는 나의 출발점으로 돌아가 단순한 염경 기도의 가치와 완전함을 재발견하고 관상보다 이것을 더 즐길 수도 있다.

공동체 안의 수도자는 드높은 관상 생활을 하는 반면 은수자는 다만 '주의 기도'와 '성모송'밖에 모를 수도 있다. 그런 경우 다소의 시련과 찬미의 순간에 의해 승화되지만 연결되지 않은 활동으로 이루어진 삶보다는 하느님과 단순하고 순수한 대화를 나누며 '항상' 하느님 안에 사는 은수자의 삶을 나는 선택한다.

은수자는 반드시 자신이 원하는 일을 하는 사람이다. 사실상 그에게는 그것 외에는 아무 할 일도 없다. 그것이 그의 소명이 위험하고 동시에 그 소명이 경시되는 이유이다. 위험하다 함은 그가 자신이 원하지 않는 일을 하는 것이 아니라 자신이 원하는 일을 함으로써 성인이 되어야 하기 때문이다.

우리가 좋아하는 일을 함으로써 성인이 되기란 참으로 어렵다. 그것은 좋아하는 일이 항상 하느님의 뜻이어야 함을 의미하기 때문이다. 따라서 우리는 하느님의 뜻이 아닌 것을 좋아할 수가 없고, 하느님께서 친히 우리의 잘못된 선택들을 대부분 '그분의 뜻'으로 받아들이심으로써 그 잘못을 덮어 주심을 의미한다.

그들이 원하는 것은 하느님의 뜻이 아님을 잘 알고 있기에, 그들이 원하는 일을 하기 두려워하는 이들은 현명하게도 이 소명을 경멸한다. 그러나 은수자는 자기가 이 세상에서 가장 원하는 일, 즉 고독 속에서 사는 일을 할 용기를 가진 사람이어야 한다. 그것은 영웅적 겸손과 영웅적 희망, 하느님께서 그 자신에게서 그를 지켜 주시리라는 무모한 희망, 하느님은 그를 너무 사랑하시므로 그러한 선택이 당신 자신의 것인 양 그것을 용서하시리라는 무모한 희망을 필요로 한다.

그러한 희망을 가질 수 있다면 그 희망은 우리가 고독을 선택하는 것이 바로 하느님의 선택이라는 표지이다. 따라서 고독에 대한 갈망은 아마도 하느님의 부르심이라는 표지일 것이다. 또한 고독에 대한 갈망에는, 우리의 선택을 한 번도 찬성하거나 반대하지 않는 영원한 침묵이 주는 야박한 불확실성 속에서도 우리 스스로 결정을 내림으로써 하느님을 기쁘게 해 드리는 은총이 내포되어 있다.

나는 매번 고독으로 돌아갈 수 있어야 한다. 그것은 내가 그 누구에게도 묘사해 보이지 않았던 곳, 그 누구에게도 보여 주지 않았던 곳, 그곳의 침묵이 하느님 외에는 그 누구도 모르는 어떤 내적 생활을 길러 준 그런 곳으로 돌아가는 것을 의미한다.

14. 영적 격정의 극복

영혼의 거울에 눈에 보이지 않는 아버지의 모습 외에는 그 어떤 영상映像도 나타나 있지 않을 때 당신의 기도는 가장 훌륭한 기도가 된다. 이 모습은 아버지의 지혜, 아버지의 말씀, 곧 사랑을 갈구하는 말씀Verbum spirans amorem이며 아버지의 영광이다.

우리는 희미한 그분의 모습을 통해, 그분을 만날 희망으로 아버지를 찬미한다. 그분의 모습은 우리 영혼에서 다른 모든 영상을 몰아내며, 우리가 아버지와 순수한 관계 안에서 아버지께만 의존하며 살게 한다. 순수한 믿음 안에서 완성되는 이 의존의 삶은, 그리스도 안에서 모두 하느님의 자녀라는 신성한 본질과 일치하는 유일한 삶이다.

영상들을 배제할 것. 순수한 사랑만이 영혼에서 피조물의 영상을 완전히 비우고 욕망을 넘어 우리를 고양시킨다.

이렇게 결심을 할 때 우리는 자신에게서 모든 영상을 배제시키는 헛된 작업을 시도할 필요가 없다. 우리는 먼저 유해한 영상들을 좋은 영상들로 바꾸어야 한다. 그다음에는 쓸모가 없거나, 우리에게 쓸데없는 정열이나 감정을 불러일으키는 좋은 영상들까지도 제거해야 한다. 자연은 그러한 모든 영상들에서 우리를 훌륭하게 해방시켜 준다. 자연은 상상력과 감정을 고요하게 가라앉혀서 우리의 의지가 믿음 안에서 자유롭게 하느님을 찾도록 해 주는 까닭이다.

영혼 안에서 일어나는 은총의 섬세한 활동은 모든 인간적 격정에 의해 심하게 방해를 받는다. 정열이 지나치면 영혼을 해친다. 격정이 가장 위험할 때는 우리가 그 안에서 평화를 발견하는 것처럼 생각될 때이다.

격정이 우리를 방해하기 전까지는 완전히 치명적이지 않다.

은총으로 일궈진 평화는 격정이 방해하기에는 너무나

깊은 영적인 안정감이다. 우리가 내면의 성역聖域에 열정적인 힘이 들어오도록 허락하지 않으면 그 평화는 결코 흔들리지 않는다. 영혼의 깊은 곳에 은총이 자리하고 있는 한 감정은 우리 존재의 표면을 흔들 수는 있지만 심층을 휘저을 수는 없다.

영적인 격정은 그것이 가장 영적일 때, 즉 감정적인 요소가 가장 적을 때 가장 위험하다. 표면으로 떠오르지 않고 의지의 심층에서 활동하는 격정은 아무런 저항도 받지 않으면서 우리의 온 존재를 사로잡아 버린다. 이것이 바로 겉으로는 격정이 아닌 평화처럼 보이는 고의적이고 저항받지 않는 죄의 격정이다.

또 동의된 무절제한 욕망이라는 격정도 있다. 이것은 통상적으로는 죄가 아니지만 은총의 활동을 가로막고 사랑을 우리 안에서 완전히 몰아내는 데 한몫을 한다. 그러한 동의는 우리가 정열이 시키는 대로 결정을 내리게 하며, 그러면서도 하느님을 섬기기 위한 결정이라고 핑계를 댄다. 가장 위험한 영적 격정은 하느님에게서 오는 것 같지만 실상은 열정에 의해 불러일으켜진 거짓된 열광으로 우리의 의지를 몰고 가는 것이다.

우리가 하느님을 찬미하기 위해 소중히 간직한 대부분의 계획들은 무절제한 정열의 위장한 모습인 경우가 많다. 그 증거는 그러한 계획에 수반되는 흥분에서 발견된다. 평화의 하느님은 결코 격정에 의해 찬미받으시는 일이 없다.

하늘나라를 차지하는 오직 한 가지 격정이 있다. 그것은 정열의 한가운데서도 영혼의 깊은 곳에 평화를 가져다주는 격정이다. 이 격정은 질서 자체이며, 성소聖所에서 말씀하시는 평화의 하느님의 권위와 목소리에 의해 우리 안에 일어난다.

"주님은 성소에 계시옵는 이스라엘의 영광."(최민순 옮김 시편 22,4 참조)

15. 고독한 삶의 단순성

당신이 참으로 혼자일 때 당신은 하느님과 함께 있게 된다.

어떤 이들은 하느님을 위해서 살고, 어떤 이들은 하느님과 함께 살며, 또 어떤 이들은 하느님 안에서 산다.

하느님을 위해 사는 이들은 다른 사람들과 함께 살고 공동체의 활동 안에서 산다. 그들의 삶은 바로 그들이 하는 일이다.

하느님과 함께 사는 이들도 그분을 위해 산다. 그러나 그들은 그분을 위해 하는 활동 안에서 사는 것이 아니라 그분 앞에 존재하는 그들의 본질 안에서 산다. 그들의 삶은 그들 자신의 단순성을 통해, 그들의 가난에 반영된 그분의 완전한 존재를 통해 그분을 반영하는 것이다.

하느님 안에 사는 이들은 다른 사람들과 함께 살거나 그들 자신 안에 살지도 않고 그들이 하는 일 안에서 살지도 않는다. 그분께서 그들 안에서 모든 일을 다 하시기 때문이다.

똑같은 나무 아래 앉아서도 나는 그분을 위해서 살 수도 있고, 그분과 함께, 또는 그분 안에서 살 수도 있다. 내가 이 글을 그분을 '위해' 쓰고 있다면 그것으로 충분치는 못할 것이다.

그분과 함께 살기 위해서는 항상 말을 삼가야 하고, 사람들과 담소하고 싶은 욕망, 하느님에 대해 담소하고 싶은 욕망조차도 조절할 필요가 있다. 하지만 우리가 그분 안에서 그들을 발견하는 한 다른 이들과 친교하면서 동시에 그분과 친교하는 것은 어렵지 않다.

고독한 삶은 본질적으로 가장 단순한 삶이다. 우리가 공동생활의 단순함 속에서 '하느님을 발견하기만' 한다면 공동생활은 고독한 삶에 대한 준비가 된다. 그때 우리는 고독이라는 보다 위대한 단순함 안에서 그분을 더 자주 찾고 그분을 더 쉽게 발견한다.

그러나 우리의 공동생활이—우리 자신의 잘못 때문에

―지극히 복잡하다면 우리는 고독 속에서 훨씬 더 복잡해질 가능성에 놓이게 된다.

공동체에서 고독으로 도망가지 마라. 먼저 공동체 안에서 하느님을 발견하라. 그러면 그분이 너를 고독으로 이끄시리라.

어떤 이가 언어의 정당성에 대한 참된 존경심을 지니고 있지 않다면 그는 침묵의 참된 가치를 이해할 수 없다. 언어로 표현할 수 있는 실재가 침묵 안에서는 매개체 없이 눈앞에서 발견되기 때문이다. 또 우리가 언어를 통해 먼저 그 실재에 이르지 못한다면 이 실재를 그 자체로, 다시 말하면 그 자체의 침묵 안에 잠겨 있는 실재를 발견하지 못한다.

복음에 나타난 말씀

① 예수께서는 예언자들의 '말씀'을 실현하신다(요한 12,32와 특히 모세가 언급되는 요한 5,47 참조).

예수님의 기적은 '말씀'이었는데, 사람들은 그 말을 믿지 않았다.

"우리가 들은 것을 누가 믿었습니까?"(이사 53,1)

예수님의 말씀은 이 세상을 심판하실 것이다(요한 12,41; 15,22 참조).

② 예수님의 말씀은 성부의 말씀이다(요한 12,49; 17,8 참조).

③ 그분의 말씀은 우리를 '거룩하게' 한다(요한 15,3 참조).

④ 특히 그 말씀이 그분의 사랑 안에 머무르라는 가르침이거나 그런 가르침을 내포하며(요한 15,10-12 참조) 우리를 그분을 통해 성부께로 인도하는 한 그 말씀은 우리를 거룩하게 한다(요한 17,6-10 참조).

창세기에 나타난 말씀

아담은 동물들에게 이름을 지어 준다(창세 2,19-20 참조).

여자라 칭하도록 한다(창세 2,23 참조).

여자를 하와라 이름 붙인다(창세 3,20 참조).

성 바오로 서간에 나타난 말씀

"그리스도의 말씀이 여러분 가운데 풍성히 머무르게 하십시오."(콜로 3,16)

거짓말을 하지 말아야 할 이유를 살펴보라. 씨 뿌리는 사람의 비유와 비교하라. '씨앗은 하느님의 말씀이다(루카 8장 참조).'

16. 모든 것을 떠나는 이유

우리는 하느님을 비추는 거울인 우리 자신의 존재 안에서 하느님을 발견한다. 그러나 우리는 어떻게 우리의 존재를 발견하는가?

행동은 존재의 문이요, 창이다. 행동하지 않는다면 우리가 어떤 존재인지 알 수 있는 방법이 없을 것이다. 그리고 우리 존재의 체험은 그것을 알고 경험하는 어떤 체험이 없다면 불가능하다. 그러므로 모든 활동을 포기한다면 우리 존재의 심층을 발견할 수 없다.

영적인 활동을 포기할 때 우리는 어떤 어둠과 평화 속으로 빠져들 수 있게 되는데 그것은 다름 아닌 육신의 어둠과 평화이다.

우리의 존재를 느끼지만 우리가 체험하는 존재는 단

지 육신만의 존재이다. 이 어둠 속에서 잠들며 어둠의 감미로움을 사랑하게 된다면 우리는 육신의 일을 수행하기 위해 눈뜰 것이다.

그러므로 우리의 영적 존재를 발견하기 위해서는 영적 활동으로 닦여진 길을 따라 내려가야만 한다.

그러나 우리가 은총에 따라 행동할 때 행동은 우리 자신만의 것이 아니고 하느님의 것이기도 하다. 우리가 행동의 원천에까지 거슬러 올라간다면 잠재적으로나마 하느님을 체험할 능력을 가질 것이다. 우리 안에서 행해지는 그분의 활동이 우리 안에 계시는 그분의 존재를 드러내기 때문이다.

삶은 겸손과 믿음으로 활동을 정화시키며 사랑으로 우리의 본성을 침묵시키는 것이다.

'우리 자신으로부터 벗어남'은 다름 아닌 자신의 본성에 의해 움직이는 것이 아니라 무한히 우리 위에 계시면서도 우리 존재의 깊은 곳에 머무르시는 하느님에 의해 움직임으로써 우리 존재의 정점이 되는 곳에서 행동하는 것이다.

이 행동으로부터의 휴식―이 행동의 결실을 맛본다는

의미—은 우리 존재 위에 계시는 하느님의 존재 안에서 휴식함이다. 당신의 재물이 있는 곳에 당신의 마음도 있다. 당신의 영적 행위의 모든 가치들이 하느님에게서 옴을 인식하고, 당신의 마음은 당신 안의 모든 좋은 것이 나오는 원천 안에서 휴식을 취한다. 당신은 자신 안에서 당신의 존재를 소유하는 것이 아니라, 그 존재의 원천인 그분 안에서만 그것을 소유한다.

믿음으로 하느님 안에서 내 자신의 참된 존재를 발견한다. 완전한 믿음의 행위는 또한 완전한 겸손의 행위여야 한다.

하느님은 당신의 가장 순수한 비밀을 금방 폭로해 버릴 사람에게는 말씀하시지 않는다. 하느님은 그것들의 어떤 뜻을 다른 이들에게 전달할 사람들에게 말씀해 주시기도 하는 그런 비밀들도 갖고 계신다.

그러나 이 비밀들은 많은 이들의 공동 소유물이다. 그분은 그와는 다른 비밀들을 갖고 계시지만 그것들은 말로 표현될 수 없다. 그 비밀들을 말하려고 원하기만 해도 그것들을 받아들일 자격이 없어진다.

하느님의 비밀 중에 가장 위대한 것은 하느님 자신이다. 그분은 내가 다른 이들에게 결코 표현할 수도 없고 나 혼자 조리 있게 생각할 수도 없는 방식으로 나에게 당신 자신을 드러내려고 기다리신다. 나는 침묵 속에서 그때를 갈망해야 한다. 내가 모든 것을 떠나는 이유는 바로 이것이다.

17. 주는 내 안에, 나는 주 안에

고독한 삶의 가장 훌륭한 결실은 감사하는 마음이다. 은수자는 다른 이들보다 하느님의 자비를 더 잘 아는 사람이다. 그의 삶 전체가 침묵과 희망 속에서 하늘에 계신 아버지의 감추어진 자비에 온전히 의존하고 있기 때문이다.

고독 속으로 깊이 들어가면 갈수록 모든 것의 선함을 더욱 명확하게 본다. 고독 속에서 행복하게 살기 위해서 다른 이들의 선함에 대한 사랑 어린 지식, 모든 피조물에 대한 경건한 지식, 자신의 육신과 자신의 영혼의 선함에 대한 겸손한 지식을 지니고 있어야 한다. 나의 창조주이자 구세주시며 모든 선의 아버지이신 하느님의 선함을 어디에서나 보지 못한다면 어떻게 고독 속에서 살 수 있겠는가?

나를 약하게 만들고 자신에게조차도 혐오스럽게 만든 것은 무엇인가? 그것은 자신의 어리석음, 자신의 어둠이다. 나를 죄짓게 하여, 하느님께서 그분의 선하심을 반영하고 그분의 자비를 증거하도록 내 영혼 안에 부어 주신 빛으로부터 나를 갈라놓는 바로 자신의 어둠이다.

나 자신의 어둠과 싸워서 내 영혼으로부터 악을 몰아낼 것인가? 이것은 하느님께서 나를 위하여 계획하신 바가 아니다. 나의 어둠으로부터 돌아서서 그분의 빛을 향하는 것만으로 충분하다. 나는 자신에게서 도망칠 필요가 없다. 즉 내가 어리석음으로 형성한 자신이 아니라 그분께서 지혜로 창조하시고 무한힌 자비로 다시 창조하신 자신을 발견하기만 하면 그것으로 충분하다. 나의 육신과 영혼이 성령의 성전이 되고, 나의 삶이 그분의 찬란한 사랑을 반영하며, 나의 온 존재가 그분의 평화 안에 휴식하는 것만이 그분의 뜻이기 때문이다.

그때 나는 그분 안에 있고 그분은 참으로 내 안에 있으므로 그분을 진실로 알게 될 것이다.

18. 고독의 참된 열매

 시편은 은수자의 참된 정원이며 성경은 그의 낙원이다. 시편과 성경은 그 비밀을 그에게 보여 준다. 극도의 가난과 겸손 속에서 사는 그는 시편과 성경이 주는 열매 외에는 그 어느 것도 지니지 않는 까닭이다.

 참된 은수자에게는 성경을 읽는 일이 여러 가지 수련修鍊 중 하나가 아니며, 지성이나 '영적 생활'을 '단련하는' 방법도 아니며, '기도문을 음미하는' 방법도 아니다. 성경을 학문적으로, 미학적으로, 또는 단순히 경건한 태도로 읽는 이들에게 성경은 참으로 즐거운 기분 전환과 유익한 사고思考를 제공해 준다. 그러나 성경의 내밀한 비밀을 알기 위해서는 우리가 가장 궁핍할 때, 다른 어느 곳에서도 그분을 발견하지 못하고 둘러볼 곳도 없을 때 성경을 참된 일상의 양식으로 삼고 성경 안에서 하느님을 발견해야 한다.

　오 나의 하느님, 내 마음이 드리는 사랑, 있는 그대로의 내 마음의 사랑, 한 인간의 마음이 드리는 사랑을 당신께서 원하셨음을 나는 마침내 고독 속에서 알았습니다.
　버림받고 부서지고 가난한 한 인간의 가슴이 드리는 사랑을 당신께서는 가장 기뻐하시며, 그 사랑이 당신의 연민 어린 시선을 끈다는 것을 당신의 크신 자비로 인하여 나는 알았습니다.
　오 나의 주님, 당신을 사랑하고 당신을 아버지라 부르며 의지하는 이들에게 아주 가까이 계시는 것이 당신이 바람이며 위안이라는 것 또한 나는 알았습니다.
　당신에게는 인간적인 나약함과 한계와 당신의 자비에 대한 크나큰 신뢰 외에는 아무것도 갖지 않은 채 빈손으로 가난하게 당신께로 오는 이들과 고통받는 당신의 자녀를 위로하는 것보다 더 큰 '위로'—그렇게 표현할 수 있다면—는 없으시리라는 것도 알았습니다.
　당신께 기쁨을 드리기 위해서 나는 신神이나 천사가 될

필요가 없음을, 당신께서 내 목소리를 들으시게 하기 위해 감정도 없고 인간적 불완전함도 없는 순수한 지성적 존재가 될 필요도 없음을 고독은 나에게 가르쳐 주었습니다.

당신은 내가 위대해져야 비로소 나와 함께 계시어 내 말을 들으시고 내게 응답하시려고 하는 그런 분이 아니십니다. 당신께서 나의 처지로 내려오시어 나와 동등하게 되시고, 내 안에 머무시어 자애로운 손길로 내 안에 사시도록 당신을 끌어당긴 것은 다름 아닌 나의 비천함과 나약한 인간성입니다.

그러므로 당신이 바라시는 것은 당신이 위대한 천사들에게서 받으신 감사와 찬미가 아니라 어린아이, 여인의 아들, 당신의 사랑하시는 외아들의 마음과 같은 그러한 마음에서 우러나오는 사랑과 감사입니다. 나의 아버지, 오직 당신하고만 살도록 당신께서 부르셨음을 저는 압니다. 내가 모든 실수와 모든 악을 저지를 수 있는 인간, 당신께 대해 약하고 잘못된 인간적 애정을 품을 수 있는 한 인간에 불과한 것이 아니라면 나는 당신의 아들이 될 수 없음을 배우도록 부르셨습니다.

당신은 한 인간의 가슴이 드리는 사랑을 원하십니다. 거룩한 당신의 아드님께서도, 인간의 마음으로 당신을 사랑하셨고 그분의 마음과 나의 마음이 같은 사랑으로 당신을 사랑하도록 하기 위해 인간이 되셨기 때문입니다. 이 사랑은 인간의 사랑이지만 당신의 성령에 의해 생겨나고 활동합니다.

그러므로 한 인간의 사랑으로, 한 인간의 단순성과 나 자신일 수 있는 겸손으로 당신을 사랑하지 않는다면 아버지로서 주시는 당신 자비의 감미로움을 충분히 맛보지 못할 것이고, 내가 살아 있는 한 당신 아드님의 죽음은 내게 무익할 것입니다.

그리스도의 십자가가 헛되지 않기 위해서는 나는 인간이어야 하고 앞으로도 인간이어야 한다. 예수께서는 천사들을 위해서가 아니라 사람들을 위해 돌아가셨다.

이것을 나는 고독 속에서 시편으로부터 배웠다. 시편은 인간으로 하느님을 알았고 인간으로 그분을 사랑했으며, 유일하고 참된 하느님인 그분을 알았던 다윗 같은 이들의 인간적 단순성으로 가득 차 있다. 하느님께서는 인간이 인간인 채로 신적神的인 사랑으로 그분을 사랑할 수 있도록 당신의 외아드님을 인간의 모습으로 보내 주셨던 것이다.

그러므로 이것이 우리의 소명의 신비이다. 우리가 천사나 신이 되기 위해 인간의 자리를 벗어나는 것이 신비가 아니라, 인간으로서 나의 가슴에서 나오는 사랑이 하느님과 인간에 대한 하느님의 사랑이 될 수 있고, 인간으로서 나의 눈물이 하느님의 눈물로 떨어질 수 있음이 바로 신비이다.

나의 눈물은 육화된 당신 아드님의 마음에 깃들인 성령의 움직임에서 솟아오르기에 하느님의 눈물이기도 한 것이다. 그러므로 신심信心이란 선물은 시편을 자양으로 하여 고독 속에서 성장한다.

이것을 깨칠 때 다른 이들에 대한 우리의 사랑은 순수하고 강해진다. 우리는 자기만족이나 허영심 없이 그들에게 다가갈 수 있다. 우리에 대한 하느님의 사랑이 지닌 순수성과 온화함과 내밀함을 부분적으로나마 가지고 그들을 사랑할 수 있다. 이것이 그리스도인의 고독의 참된 열매이자 목적이다.